Les 21 peurs qui empêchent d'aimer

Angelo Foley

Les 21 peurs qui empêchent d'aimer

Illustrations d'Odile Brée

Albin Michel

À la mémoire de Benoît Brayer,
qui a ouvert la voie.

Table des matières

Angelo Foley est né en 1985 en banlieue parisienne.

Il est thérapeute holistique, conférencier, et directeur artistique dans la musique. Il a notamment réalisé les EP *Nuit 17 à 52* de Christine and the Queens et *KID* d'Eddy de Pretto, les albums *Il nous restera ça* et *Plan B* de Grand Corps Malade, *Héra* du rappeur Georgio et la bande originale des films *Patients* et *La Vie scolaire*. Il a reçu deux fois, en 2016 et 2018, le prix de compositeur de l'année par la chambre syndicale de l'édition musicale. En 2018, il crée le compte Instagram « Balance ta peur » qui compte aujourd'hui plus de 55 000 abonnés, ainsi qu'un podcast où un invité vient partager ses peurs avec lui.

Aujourd'hui, il répartit son temps entre la musique, l'accompagnement thérapeutique en consultations individuelles, en ateliers, cures de groupes et conférences, et l'écriture d'articles ou sur son compte Instagram où il expose, à partir des témoignages de ses abonnés, ses réflexions autour de la peur dans les relations humaines.

Préface

J'ai rencontré Angelo Foley après avoir participé au podcast d'un ami commun. Reconnaissant un territoire familier en écoutant les mots que j'avais partagés, il m'a contactée sur Instagram, curieux de connaître celle qui se cachait derrière la façade du réseau social. Aimantée par sa spontanéité et intriguée par la puissance narrative de son compte « Balance ta peur », j'ai aussitôt accepté de le rencontrer et nous nous sommes retrouvés dès le lendemain.

Nous n'avions aucune attente ni aucun plan de collaboration à échafauder. Juste l'envie d'échanger sur nos parcours respectifs. L'écho de nos voix m'a enthousiasmée. Nous parlions le même langage. Nul besoin de traduction. Encore moins de travestir notre vulnérabilité sous un maquillage visant à séduire l'autre. Nous avons rapidement parlé de conscience supérieure, de grand Soi, de guidance intérieure, d'émotions inscrites dans le corps physique, de traumatismes transgénérationnels, de libération énergétique, de thérapies alternatives, de guérison, de reiki et de kundalini yoga. J'ai immédiatement compris que nous allions nous revoir, nous soutenir, œuvrer et grandir ensemble.

Angelo Foley remplit sa mission de thérapeute avec beaucoup d'humilité. Il se contente de nourrir quotidiennement sa curiosité. Curiosité artistique et musicale. Curiosité de l'autre et de la psyché humaine. Curiosité des mécanismes de guérison. Curiosité de tout ce qui lui est étranger. Ce talent qui le connecte intimement à son enfant intérieur lui a permis de développer une oreille absolue qui détecte autant les fausses notes des partitions qu'il reçoit dans son métier de directeur artistique musical, que les petits arrangements de l'ego avec le Soi dans sa fonction d'accompagnant thérapeutique. Ce regard curieux, aussi pur qu'intelligent, n'a rien de naïf. Bien au contraire. Un jour où je me plaignais sur Instagram du manque d'hommes dans mes cours de kundalini yoga, la curiosité d'Angelo s'est à nouveau manifestée. Le jeudi suivant, il s'est installé au fond d'une de mes classes remplies de femmes. Rapidement, il est devenu un élève fidèle et assidu, enthousiasmé par les vertus de cette pratique et les ponts tracés entre toutes nos obsessions spirituelles communes.

En décembre 2019, nous avons ressenti simultanément l'urgence de faire le vide. Il s'est coupé des réseaux sociaux pendant trois semaines alors que j'initiais un cycle de vingt et un jours sur le vide avec un petit groupe d'élèves qu'il a aussitôt rejoint. Là encore, il s'est prêté à toutes les expériences que je soumettais, méditations et autres exercices farfelus, avec cette même curiosité qui le caractérise.

Le lien qui nous unit n'est pas celui d'une professeure avec son élève, mais bien celui de deux accompagnants qui échangent et partagent dans le même espace illimité. Nous avons tous les deux choisi d'utiliser la puissance des réseaux sociaux pour communiquer au plus grand nombre les enseignements que nous recevons, chacun à notre manière. On pourrait nous reprocher d'alimenter nos ogres d'ego surdimensionnés en vibrant le jeu dangereux du « like ». Il y aurait là une part de vérité. Mais c'est surtout l'urgence du partage auquel nous nous soumettons avec l'envie d'apporter l'éclairage qui nous a soulagés. Nous encadrons des groupes, des cercles et des retraites, chacun de notre côté. Nous transmettons ce que nous canalisons à travers la méditation et nos propres rituels quotidiens. Et lorsque nous rencontrons des difficultés, nous savons que nous pouvons nous soutenir, partager nos résistances, nos craintes, nos peurs, nos limitations sans jamais nous sentir jugés. Ces échanges sont précieux car ils nous évitent de rester trop longtemps piégés dans l'illusion.

J'ai tellement eu peur avant d'entamer ma mue. J'étais terrorisée par le regard des autres, convaincue que je ne valais rien. Je haïssais mon corps que je croyais déconnecté de mon cerveau. J'avais si peur de révéler ce que je croyais être des faiblesses. J'avais peur de mes propres envies. Peur qu'elles viennent bouleverser un quotidien que j'avais mis tant d'années à construire. Peur qu'elles me fassent dévier de la route bien tracée qui me paraissait être la plus juste. Je me souviens d'un jour où, chez un ostéopathe qui tentait pour la énième fois de soigner mes lombaires qui criaient mon insécurité, j'ai explosé en sanglots en prononçant cette phrase : « J'ai peur de passer à côté de ma vie. » J'ai masqué, caché, camouflé, étouffé ces peurs et menti autant que je pouvais. À ce jeu de destruction massive, elles n'ont fait que grandir.

Il a suffi d'une dépression à l'approche de mes 40 ans pour transformer ces peurs en terreau fertile. En souhaitant guérir mon corps que j'avais malmené, j'ai rencontré l'amour de soi. Sur mon chemin de transformation, j'ai découvert le kundalini yoga, technique qui associe respirations intenses, mouvements dynamiques et méditations chantées. Alors que je m'étais toujours lassée de la moindre activité physique, que j'avais peur de ne pas être assez mince ou musclée pour commencer le yoga, je me suis lancée à corps perdu dans cette pratique. En quelques mois, mes peurs paralysantes se sont dissoutes et j'ai découvert une zone sûre que je n'avais jamais connue auparavant. Toute mon existence s'est alors métamorphosée.

La peur est une émotion que nous ressentons quotidiennement, qu'il s'agisse de passages fugaces ou de crispations plus longues. L'observer avec attention nous permet de reprendre notre pouvoir souverain sur ce que nous vivons. En la regardant, elle redevient « objet » et l'on peut alors dissoudre l'identification avec l'émotion. Je suis celle qui observe ma peur. Par conséquent, elle ne constitue pas mon essence.

Ce livre nous invite à regarder la peur sous 21 prismes. À l'exfiltrer des programmes de croyances dans lesquelles elle est engluée. À comprendre sa mécanique comme son horlogerie interne. À avoir de la tendresse pour l'expression de nos vulnérabilités. Ce livre nous permet de reprendre notre plein pouvoir. Celui de choisir ce que nous vivons. Celui de reconnaître que même les expériences les plus douloureuses sont toujours à notre service. Celui d'agir en conscience et de choisir la guérison en toutes circonstances. Notre pouvoir individuel est immense et son impact sur le collectif est bien plus grand que notre imagination, pourtant nous ne cessons de le déléguer.

Avec cet ouvrage, Angelo Foley rappelle qu'il suffit qu'un humain se libère d'une peur qui l'étouffait pour soulager tout son entourage et sa lignée. Le seul pouvoir que nous n'avons pas est celui de guérir les peurs pour l'autre. Nous pouvons soutenir, envoyer de l'amour sans condition. Mais la guérison des peurs comme de toute énergie non résolue ne dépend que du choix franc de chaque individu.

Alors, qu'allez-vous choisir ?

Lili Barbery-Coulon

Professeure de kundalini yoga formée à la guérison énergétique, autrice de La Réconciliation *(Éditions Marabout) et du blog lilibarbery.com*

PARTIE 1

Appréhender le monde

« Y a comme un goût de haine quand je marche dans ma ville
Y a comme un goût de gêne quand je parle de ma vie
Y a comme un goût d'aigreur chez les jeunes de l'an 2000 »

Diam's, *La Boulette*.

Génération non non

Je suis né le 15 juin 1985. Cela fait de moi un « millénial » de cette génération qui a vu le jour entre 1981 et 1996. Non seulement nous avons été bercés par Internet et les écrans et avons fantasmé sur les boys et girls bands, mais nous avons aussi cette particularité d'être obsédés par l'amour, le couple et la liberté. **L'amour** comme recette du bonheur, pourvu qu'il soit inconditionnel. **Le couple** sous toutes ses formes, non plus comme mécanisme de survie et espace de reproduction, mais comme rempart à l'isolement et symbole de réussite sociale et sentimentale. Enfin, **la liberté** totale d'agir, de penser et de s'exprimer sans contrainte, pourvu que la responsabilité de nos actes ne repose pas sur nos épaules.

Obnubilés par cet idéal, nous sommes pétris d'angoisses à la moindre difficulté, ce qui, paradoxalement, nous empêche de connaître ce sentiment profond d'amour et de liberté dans nos relations. Nous mettons tout en œuvre pour éviter les épreuves auxquelles les aléas de notre existence nous confrontent, ce qui génère encore plus d'anxiété. Nous ne voulons que la partie agréable de la vie, rompant avec la capacité de résilience de nos aïeux. Nous sommes pourtant le fruit de centaines d'années de conflits et de lutte pour nos droits fondamentaux. Des personnes, parmi mes plus belles rencontres, ont connu l'enfer : vétérans de guerre, victimes d'accidents, comme mon ami Fabien Marsaud (Grand Corps Malade) qui a sublimé son handicap, en passant par mes patients en rémission d'un cancer ou en reconstruction après un viol. Je n'ai jamais ressenti autant de sagesse, d'amour et de liberté que chez ces héros et héroïnes. La plupart d'entre nous ne vivent pas sous la menace d'un danger et pourtant, nous n'avons jamais été aussi angoissés, ce qui impacte nos relations intimes. Les couples n'ont jamais si peu duré, les divorces sont devenus monnaie courante, les abus sexuels sont révélés au grand jour, et la sexualisation infuse les médias, la publicité et les réseaux sociaux.

Comment avons-nous fait de l'amour, de la liberté et du couple des choses à posséder et des objectifs à accomplir ? Comment les injonctions au bonheur ont-elles fini par générer autant d'inquiétudes ?

Le couple a ceci de particulier qu'il est le territoire de projection privilégié de nos fantasmes, de nos traumas et de nos questions existentielles. Les questions liées aux relations amoureuses imprègnent l'humanité depuis la nuit des temps, mais, pour notre génération, liberté est synonyme de terreur. Nous sommes écartelés entre le choix et le renoncement, la responsabilisation et la culpabilité, l'engagement et le mouvement. Aimer implique des actes de bravoure, mais la plupart de mes contemporains répondent le plus souvent « non, non ». Nous sommes hyper connectés aux machines et déconnectés de nous. Nous voulons devenir quelqu'un, mais nous refusons la totalité de qui nous sommes. Nous voulons toujours plus d'amour, mais sans nous transformer de l'intérieur. Nous voulons nous épanouir comme la nature le fait, mais nous n'acceptons pas de prendre appui sur une terre parfois boueuse. Nous voulons être en couple, mais nous nions nos parts féminine et masculine. Nous voulons être aimés tels que nous sommes, mais nous n'acceptons pas nos contradictions. Alors, tels des nourrissons dépendants de l'amour, de la sécurité et de l'affection de leurs parents, nous cherchons chez l'autre les réponses à nos questions. Pour beaucoup, le couple amoureux va donc devenir un espace de transactions où les partenaires camperont les rôles de pourvoyeurs anxiolytiques mutuels. L'amour devient mon amoureux ou mon amoureuse. **L'autre n'est plus un sujet, mais un objet que je dois posséder, garant de mon**

équilibre et rempart à ma souffrance. Seulement, si l'autre est mon doudou, mon biberon et mon landau, autrement dit l'antidote contre ma mort, alors il est tout autant l'écran où je projette toutes mes peurs. Et c'est en analysant et en dépassant nos peurs que nous pourrons, peut-être, mieux comprendre l'amour et en faire l'expérience.

Chercher sa moitié avant de s'aimer en entier

Pour qu'une relation s'établisse sur de bonnes bases, il faut déjà devenir un bon partenaire pour soi-même. J'ai fait l'inverse durant les trente premières années de ma vie.

En grande section de maternelle, nous avions droit tous les jeudis à un après-midi d'échanges avec les enfants du CP. Notre cour d'école n'était séparée que par un grand portail vert. Chaque semaine, j'attendais que ce passage s'ouvre pour rejoindre Lucie, 6 ans, qui avait un an de plus que moi. Tous les jeudis, j'oubliais Anaïs, mon amoureuse de maternelle. Avec elle, c'était chouette, c'était le monde que je connaissais, elle était mon repère. Mais avec Lucie, c'était l'aventure, l'inconnu, le manque et la tension. Elle incarnait mon admiration pour les « grands » – c'est comme ça qu'on appelle les CP quand on est en maternelle. À 5 ans, j'étais déjà tiraillé par les mystères de l'amour, la peur de le perdre et de ne pas en avoir assez. En grandissant, d'autres angoisses se sont ajoutées. J'avais **peur d'avouer mes sentiments,** alors je ne disais rien. J'avais **peur de me prendre des râteaux**, alors j'envoyais des bouts de papiers en classe (aujourd'hui, ce serait des messages privés sur Instagram). J'avais **peur d'être quitté**, alors je multipliais les relations parallèles. J'avais **peur de ne pas être assez aimé**, alors je sollicitais les copines de mes copains pour être certain qu'elles me choisissent moi et pas un autre. J'avais **peur de ne pas être assez viril**, alors je faisais des pompes en cachette avant de me déshabiller. J'avais **peur de quitter la relation**, alors je faisais la gueule pour que mes partenaires le fassent à ma place. Ce petit jeu a duré trente ans, avant que je découvre que mes peurs n'étaient pas générées par mes petites amies.

En réalité, on retrouve la peur partout : dans les médias, où l'on nous impose quotidiennement la sélection des drames du monde entier, dans les transports en commun, où l'on nous recommande de rester attentifs à nos effets personnels, près des écoles et des lieux de culte, où des barrières en fer et des militaires s'assurent que nos progénitures et nos croyances sont saines et sauves, dans les magasins, les concerts et les festivals, où la fouille est devenue la règle, sur Internet, les forums et les réseaux sociaux, où chacun martèle ses idées, quelles qu'elles soient, sous couvert de liberté d'expression, derrière les écrans, les filtres et les applications de rencontres, à l'abri de la réalité et de l'intimité. La peur nous suit dans les moindres recoins de nos vies, de notre naissance à notre mort : premières secondes de respiration hors de la mère, premières maladies, premières chutes, premiers jours d'école, premiers examens, premières amours, premiers boulots, premiers conflits, premiers enfants, premiers deuils…

Lorsque l'on observe les enfants en bas âge, on constate souvent avec surprise – et parfois nostalgie – à quel point ils sont spontanés, passant d'une émotion à une autre sans transition. Même si, très vite, chacun va adopter des stratégies pour survivre, ces êtres vulnérables, propulsés dans l'inconnu, sont dotés d'une naïveté salvatrice car quasi vierge de toute construction mentale. Nous verrons combien notre environnement impacte notre construction et nos relations.

D'où vient la peur et à quoi sert-elle ? Qu'est-ce qui, en nous, l'alimente ? Quelle est la part entre notre conditionnement et l'influence extérieure ? Comment se fait-il que nous ressentions la peur alors que la plupart d'entre nous ne vivent pas sous une réelle menace ? Peut-elle nous aider à anticiper certains dangers ? Ou n'est-elle qu'un frein à notre épanouissement ? Est-elle génératrice d'actions ? Finalement, faut-il ou non avoir peur ?

Ces questions, je me les pose depuis des années, mais je vis avec la peur depuis plus longtemps encore. J'alterne entre la légère appréhension et l'angoisse, le trac et l'anxiété. La peur est tellement présente dans ma vie et celle de ceux qui m'entourent qu'elle en est devenue un sujet d'étude. Je n'ai pas un regard d'expert en intelligence émotionnelle ou de psychothérapeute, mais d'être humain sensible et engagé dans la compréhension de son univers. Je réfléchis quotidiennement à mes expériences et à celles que l'on partage avec moi en consultation, dans mes ateliers de groupe, lors de mes conférences et entretiens, et aussi en observant la vie suivre son cours. Dans mon couple, à une terrasse de café, sur scène ou parmi les spectateurs, lors de réunions entre amis, en voyage, en famille, et surtout seul, face à moi-même.

En décortiquant nos peurs, je parlerai des autres émotions, comme la colère, la tristesse, la culpabilité, la jalousie pour identifier, par contraste, le bonheur, la réussite, la joie, la sérénité et l'amour. S'il est difficile de définir ces états d'accomplissement, explorer ce qui nous empêche d'y accéder nous aidera peut-être à nous en approcher. C'est donc d'une démarche personnelle qu'est né mon désir de contribuer à notre épanouissement collectif.

Nos parents : modèles d'amour, générateurs de peurs

Quelques mois après sa naissance, l'enfant commence à faire usage de ses mains. Tourné vers l'extérieur, il prend conscience de sa capacité à saisir les objets. Petit à petit, sa curiosité l'amène à se déplacer, d'abord à quatre pattes. Puis, un beau jour, il se dresse, exploite de nouveaux muscles et marche sur ses deux jambes. **Maintenant qu'il est libre de manipuler les objets et de déambuler, un doute va le freiner : « Est-ce que papa ou maman sera là en cas de problème ? »**

Découvrir le monde fera partie de ses pulsions, voire de ses obsessions. Mais il ne sera en pleine capacité de le faire sereinement, et dans la joie de l'aventure, que s'il a été assez rassuré et sécurisé en amont. Cela déterminera sa capacité à explorer son environnement sans préoccupation particulière. Sinon, il préfèrera faire des allers-retours réguliers pour vérifier que la tour de contrôle est bien là, ou encore restera scotché aux bras de papa ou maman.

Ce moment de vie symbolique que nous avons tous et toutes connu illustre bien notre rapport si paradoxal au monde, nous sommes tiraillés entre la survie et la vie, entre la sécurité et la prise de risques. La peur est une émotion qui génère un stress indispensable en cas de danger pour notre intégrité physique ou psychique. Elle est le signal d'alarme nous permettant de réagir de la manière la plus adaptée possible. Elle est utile en temps de guerre pour sauver sa peau, et au quotidien pour éviter de traverser la route sans regarder.

Le problème se pose dès lors que ce stress se manifeste en dehors de tout danger concret. À ce moment-là, notre alarme reste bloquée tant que la source du danger n'a pas été détectée ni désactivée. Ignorant le code pour l'éteindre, nous passons des jours, voire des années, à la subir : elle couvre l'expression de nos désirs, de nos envies, de nos passions et de nos émotions. Si, par chance, elle s'arrête, elle peut reprendre de plus belle, comme un bug dans un système informatique, sans logique apparente avec le contexte présent. Ce bug nous dessert car il nous enferme au lieu de nous protéger, nous sclérose au lieu de nous transformer, **nous éloigne de l'aventure de l'amour.**

Que nous ayons été des enfants aventureux, dociles ou trouillards, nous sommes aujourd'hui des adultes capables du meilleur comme du pire pour nous-mêmes et pour les autres. Nous n'avons pas peur d'échouer, nous avons peur de changer. Nous n'avons pas peur de l'inconnu, nous avons peur de perdre ce que nous connaissons. **D'ailleurs,**

si l'inconnu est impensable, il est impensable d'avoir peur de l'inconnu. C'est pourtant le principe même de la relation amoureuse : aller à la rencontre de l'altérité et du semblable à la fois. Le couple est la scène où se rejouent si souvent les liens d'attachement forts à nos parents et les drames affectifs vécus auprès d'eux. Si nous observons nos peurs de plus près, nous nous apercevons que le déclencheur fait quasiment toujours appel à un événement passé, vécu, lu, entendu ou vu, projeté dans le futur. Si j'ai peur d'être abandonné par ma partenaire dans ma relation, alors même que ce n'est pas le cas, il est fort probable que j'aie cristallisé en moi un sentiment d'abandon déjà vécu, entendu ou vu dans mon enfance. Au moment où vous ressentez cette peur, il est bien question d'une projection de votre passé dans votre présent et dans votre futur.

Si les relations amoureuses sont si complexes, c'est en grande partie parce que nos émotions sont complexes. La plupart ont d'abord été acquises de nos figures d'attachement, puis imitées et testées auprès de proches. J'ai appris la tristesse en observant comment mes parents exprimaient la leur. Par ailleurs, nous ressentons souvent une multitude d'émotions qu'il est parfois difficile de démêler. En grandissant, nous développons notre empathie, cette capacité à pouvoir ressentir et comprendre le monde intérieur de l'autre. Mais nous n'avons pas tous intériorisé les émotions de la même façon, ni avec les mêmes nuances et modes d'expression. **En cela, la relation à l'autre, qui plus est lorsqu'il y a un investissement affectif, est une exploration courageuse, car insécurisante. Dans ces tentatives de liens profonds, nous sommes régulièrement renvoyés à nos peurs les plus archaïques.**

Nous faisons tant de choix dans nos vies pour nous éviter de vivre et de traverser ces expériences humaines. Nous nous mettons des couches de protection, voire des armures en fer forgé, quitte à devenir incapables de ressentir et de nous mouvoir. Ou, au contraire, nous ouvrons nos portes à tout le monde, par peur de l'isolement. Certains cherchent à changer les autres afin qu'ils répondent à leurs besoins. D'autres encore tentent coûte que coûte d'éradiquer toute menace extérieure, pensant qu'ils souffriront moins de leurs bugs intérieurs. Les guerres et la colonisation en sont un bon exemple. L'attaque est bien un dispositif de défense. Actuellement, notre désir obsessionnel d'être à de multiples endroits à la fois et par tous les moyens témoigne de notre besoin de nous multiplier pour survivre. En réalité, cela nous fragmente et nous divise : nous sommes partout et nulle part, incapables de nous engager dans une relation à long terme. **L'illusion qui berce nos peurs réside, je crois, dans l'idée que l'amour est une destination, et que le couple doit en être la matérialisation.** Imaginez-vous en voiture, en pleine journée d'été. Vous passez dans un tunnel. Vous allumez vos phares. Vous êtes dans le noir, vous avez un champ de vision restreint, et vous avancez avec plus de précautions, jusqu'à ce que le petit point de lumière lointain vous indique la sortie. Puis vous continuez votre route jusqu'au prochain tunnel, avec la conscience que la lumière a toujours été là. L'amour n'est pas le petit point ni la destination, mais cette lumière omniprésente. **Nos peurs sont nos tunnels qu'il nous faut traverser. Nos relations sont nos phares.**

Balancer ses peurs

Il y a deux ans, j'ai créé un compte Instagram en parallèle de mes activités thérapeutiques et artistiques, à la fois pour me rassurer, mieux me connaître et me confronter au regard de l'autre. Lors des mouvements #metoo et #balancetonporc qui ont renforcé la guerre des sexes et donc des conflits liés aux couples, il m'a été difficile d'observer que seule la colère s'exprimait, sans jamais dévoiler les peurs qu'elle cachait. J'ai réalisé que derrière leur rage contre le patriarcat, les violences conjugales et les abus en tout genre, les femmes craignaient de ne pas pouvoir exister librement en tant que telles. J'ai aussi constaté le désarroi de nombreux hommes en perte totale de repères concernant leur identité et leur place auprès des femmes. J'ai compris, horrifié, que malgré toute notre bonne volonté à améliorer notre vie et celle des autres, à faire ce qui nous paraît juste, lorsque la peur est là, nous perdons tout discernement, pris par le flot de nos angoisses existentielles. « L'enfer, c'est les autres », disait Sartre. Nos vieux démons refont surface dès lors qu'une autre paire d'yeux entre en jeu. J'ai donc décidé de plonger à la racine de nos maux pour me confronter à ma génération en partageant publiquement mes émotions. Je n'avais aucune attente si ce n'est de rompre avec l'idéal de perfection véhiculé par les réseaux sociaux. Résultat : mes posts ont été largement partagés et des milliers d'anonymes nourrissent ce compte en y « balançant » quotidiennement leurs peurs. Balancer a trois vocations : se débarrasser de ce qui nous encombre ; avouer et assumer sa vulnérabilité et sa part d'ombre ; trouver un équilibre avec le reste de nos facettes. Après quelques mois d'existence et des centaines de confessions, **j'ai réalisé qu'une majorité des témoignages tournaient autour des peurs liées aux relations amoureuses. J'ai peu à peu compris que le couple était une aventure qui nous impose de combattre nos dragons et nos monstres intérieurs.**

PARTIE 2

Se reconnaître

« Plusieurs légendes racontent comment Māra, démon de la mort, effrayé du pouvoir que le Bouddha allait obtenir contre lui en délivrant les hommes de la peur de mourir, tente de le sortir de sa méditation en lançant contre lui des hordes de démons effrayants et ses trois filles séductrices. Mais c'est peine perdue et, à l'âge de 35 ans, Bouddha accède à l'éveil, une main posée sur le sol, dans la posture de prise de la terre à témoin de ses mérites passés. Il affirme être parvenu à la compréhension totale de la nature, des causes de la souffrance humaine et des étapes nécessaires à son élimination. Il insistera toujours sur le fait qu'il n'est ni un dieu, ni le messager d'un dieu, et que l'illumination *(bodhi)* ne résulte pas d'une intervention surnaturelle, mais d'une attention particulière portée à la nature de l'esprit humain ; elle est donc possible pour tous les êtres humains. »

21 épreuves de l'amour

Notre capacité à aimer est intimement liée à notre aptitude à surmonter nos souffrances et nos peurs. Le sentiment de solitude ne prend le pouvoir que si nous résistons à la vie et à ses épreuves. Si l'amour est le Graal, alors il nous faut inévitablement passer ces seuils douloureux plutôt que de tenter de l'obtenir en évitant les obstacles. L'amour n'est pas un objet unique dont nous serions les heureux gagnants, mais une force et un trésor qui nous habitent et qui nécessitent que l'on creuse en nous pour nous confronter à nos démons et nous en affranchir. Véritable quête initiatique semée d'embûches, l'itinéraire vers des relations épanouissantes, tant avec soi-même qu'avec les autres, repose essentiellement sur le dépassement de nos peurs.

Voici donc 21 peurs existentielles, 21 voiles qui recouvrent notre cœur, 21 portes qui se dressent entre nous et l'amour. Cette sélection est issue des milliers de témoignages du compte Instagram balancetapeur et de mes expériences personnelles. Il n'y a ni ordre ni parcours préétabli. Chaque personne emprunte le chemin qui lui est propre ; certains se sentiront concernés par toutes les peurs, d'autres non. Ces 21 passages sont autant de pas de plus vers l'amour.

La peur du présent

ou quand je répète mon passé

Moi j'ai peur de vivre, tout simplement. J'ai peur d'échouer, de ne pas savoir quoi faire, de prendre des responsabilités... Depuis petite, j'ai toujours voulu satisfaire et rendre tout le monde heureux, à commencer par mes parents. J'ai eu l'habitude de me faire traiter d'idiote, de niaise et d'incapable par mes parents. Je n'ai jamais appris à m'écouter et n'ai jamais accordé d'importance à mes émotions, à mes désirs ou à mon existence. J'ai peur d'être moi, de ne pas le supporter, de mal m'y prendre. J'ai peur de prendre le mauvais chemin et d'être inutile aux yeux des autres. J'ai peur d'être un poids à porter en permanence pour la société. Aujourd'hui, j'ai peur d'affronter le monde. Je ne sais même pas ce que je veux, et j'ai peur de ne jamais avoir confiance en moi pour m'intégrer dans la société.

Message reçu sur Instagram

Quand je me définis par mon histoire, j'utilise des mots comme TOUJOURS et JAMAIS pour me raconter. Je souffre alors de rejouer en boucle mon passé. Le chapitre n'est pas l'histoire.

Les neurosciences nous montrent que notre cerveau est le disque dur sur lequel nous enregistrons ce que nous avons appris par le passé. Lorsque nous vivons une nouvelle expérience se crée un circuit neurologique. C'est comme lorsqu'on passe plusieurs fois au même endroit dans un champ : cela crée un sillon qui se creuse toujours plus profondément.

Lorsque nous traversons une expérience positive ou négative, c'est ce même phénomène qui se produit. Nous traçons un chemin que nous allons emprunter systématiquement par la suite. Nos perceptions seront désormais filtrées par ce sillon. Prenons l'exemple d'un verre ou d'un repas entre amis. C'est un moment agréable que je vais chercher à reproduire maintenant que j'en connais les ingrédients. Mais cela fonctionne aussi à l'inverse. Lorsque je vis une expérience négative, mon corps, mes pensées et mes comportements vont être filtrés par cette voie que j'ai empruntée la première fois. Bien qu'il soit associé à un sentiment désagréable, je creuse le même sillon en espérant obtenir un résultat différent. D'une unique expérience négative, j'en arrive à répéter le même schéma, encore et encore. **Et c'est comme cela que j'en viens à me caractériser par mon histoire, avec l'illusion que j'ai « toujours » ou « jamais » vécu telle ou telle chose.**

Pendant longtemps, je me suis défini à travers l'absence de mon père biologique. C'est même devenu un trait de caractère : le mec qui n'a pas eu de père et qu'on a abandonné dès sa naissance. Non seulement j'entretenais une certaine image de mon passé, mais je la rendais responsable de mon malheur présent. Je niais totalement que cette histoire d'abandon n'était qu'une version de la réalité et pouvait être racontée de dix autres manières. Je niais la présence aimante et chaleureuse de mon père adoptif. J'avais deux pères et je me pensais orphelin. J'étais devenu le mec qui s'était fait tout seul.

Pour nous dégager de ces sillons, il est nécessaire de prendre conscience de nos schémas et donc des chemins que nous empruntons sans cesse. Ensuite, nous devons faire preuve de courage et de créativité pour sortir des sentiers battus et en inventer de nouveaux. La peur de l'inconnu n'existe pas ; en vérité, nous avons peur de quitter le confort de ce que nous connaissons déjà. Notre résistance au changement est probablement la plus coriace, car, pour nous en défaire, il est nécessaire de faire le deuil de notre propre histoire. Non pas la réalité de ce que nous avons vécu, mais celle que l'on s'est racontée.

Un pas de plus vers l'amour

Pour revenir à mon présent, je peux arrêter tout ce que je suis en train de faire. Je reste immobile, et j'observe sans juger ce qu'il y a de concret autour de moi : le sol, les murs, les objets, les matières, les couleurs, les textures, l'heure qu'il est, le temps qu'il fait, les gens, leurs vêtements et leur physique. Je peux ensuite me concentrer sur ce qui se passe dans mon corps, mon rythme cardiaque, ma respiration, mes différents sens. Cela est ma seule réalité, mon seul présent.

La peur de s'accepter

ou quand je souffre d'être moi-même

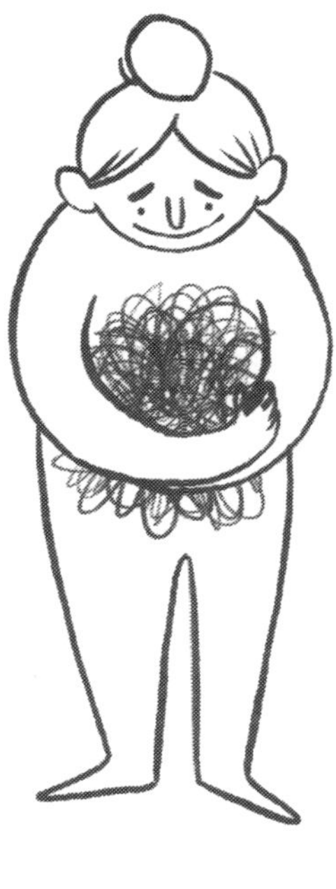

Bonjour. J'ai besoin d'extérioriser, donc voilà que j'écris à une personne qui ne me connaît même pas, et que je ne connais pas. Mais ton compte fut une jolie découverte pour moi, car comme beaucoup d'entre nous, j'ai peur. Aujourd'hui plus qu'hier. Car une fois de plus, je me suis attachée à quelqu'un qui ne m'accepte pas comme je suis. J'ai cette fâcheuse tendance à m'attacher aux hommes qui me fuient. Au plus ils me fuient, au plus je m'accroche. Quelle tristesse. Je pense savoir que cela est lié à la relation que j'ai eue avec mon père dans le passé. Mais je n'arrive pas à guérir de cela, d'autant plus qu'il est décédé il y a bientôt onze ans. J'aimerais tellement être en paix avec moi-même, et pouvoir trouver ma moitié. À l'aube de mes 30 ans, j'ai l'impression que ça n'arrivera jamais. D'autant plus que je me sens en décalage avec ce monde. Ce monde où avoir trop de cœur fait peur. Ce monde où il est préférable d'être égoïste et matérialiste. J'ai peur de finir seule et incomprise.

Message reçu sur Instagram

**C'EST OK d'avoir peur, d'être jaloux,
de culpabiliser, de se comparer,
de se juger, d'être triste,
d'être en colère, de ne pas savoir.
Je souffre non pas de ce que je vis,
mais parce que ce n'est pas OK pour moi
de vivre ce que je vis.**

C’est bien parce que je n’aime pas toutes les parties de moi que je vais demander à l’autre de le faire à ma place. En croyant que la relation me permettra de me sentir complet et entier, je crée une illusion de vide en moi que l’autre va devoir remplir. Comme je ne suis qu’à moitié plein, j’impose à l’autre d’être ma moitié, ce qui peut très vite devenir un poids. Alors, par instinct de survie, l’autre fuit ou, au contraire, prend tout sur ses épaules. Ce que je crois être un « don d’amour » est en réalité un cadeau empoisonné. Si l’autre accepte la mission, alors nous co-créons une relation toxique où je vais projeter mes carences sur l’autre et entrer dans le triangle victime-bourreau-sauveur. Si je suis la victime, l’autre n’a que trois choix possibles : soit il répond à mon besoin et devient sauveur, soit il n’y répond pas et devient bourreau, soit il se plaint du poids qu’il a accepté et devient victime.

Une très bonne amie, que j’ai rencontrée il y a quelques années dans des stages de développement personnel, a reçu en partie les mêmes enseignements que moi. Nous nous voyons relativement peu, mais c'est toujours une joie de nous retrouver et de faire le bilan des derniers mois. Elle est avec le même petit ami depuis que nous nous connaissons, et, chaque fois, la conclusion est la même : cette relation ne lui convient que sur très peu d'aspects. Cela est source de beaucoup de frustrations pour elle car son compagnon refuse de se projeter dans un quelconque avenir. Tout les oppose, leurs valeurs comme leur mode de vie : elle voudrait faire de leur appartement un cocon douillet, lui dit que ces considérations matérielles ne l'intéressent pas. Elle aimerait un homme à la maison avec qui avoir des enfants, il se contente de son boulot et de voir ses potes. Elle a envie de savoir ce qu'il ressent, il lui reproche d'être une enfant quand elle pleure… Mon amie se confie à moi depuis plusieurs années, et ses plaintes sonnent désormais comme un disque rayé. Je suis bien sûr peiné de la voir malheureuse et, en même temps, je suis en colère contre elle, parce qu'elle n'applique pas nos enseignements, parce que j'ai envie de croire que c'est simple, parce que j'aimerais que notre relation ne tourne pas en boucle sur les mêmes sujets. En quelques minutes, je me retrouve pris dans ce triangle : j'alterne entre le sauveur à l'écoute, le bourreau en colère et la victime qui se plaint de cette relation amicale.

Il n'y a aucune résolution possible dans ce triumvirat toxique sinon de devenir adulte, responsable et autonome.

Cela signifie connaître ses besoins et ses manques, et être en capacité d'y répondre soi-même pour pouvoir les communiquer et ne pas entrer dans ce triangle. Alors, la relation ne se construit pas à partir de la peur et du vide, mais de la joie tranquille et pleine, ou tout du moins sans imposer à l'autre ses besoins et ses manques. **Accepter tout ce que je vis me permet d'apprendre à mieux vivre avec moi-même et mes différents états. Accepter que je ne l'accepte pas est un premier pas (de géant).**

Un pas de plus vers l'amour

Pour apprendre à m'accepter, je peux me demander ce que je n'accepte pas chez l'autre, ce que je lui reproche, ce que j'ai tendance à critiquer ou à juger, et observer si je me suis moi-même déjà comporté de manière similaire au moins une fois dans ma vie. Le plus haut degré de l'empathie est la capacité d'accepter que l'autre peut m'apprendre quelque chose de moi que je ne voyais pas, ou que je refusais de voir en moi.

La peur de passer à côté

ou quand j'ai l'impression de ne pas avancer

Salut ! J'aimerais te parler d'une de mes peurs : j'ai peur de passer à côté de ma vie, de me retourner un jour et de trouver ma vie pas aussi satisfaisante que je l'aurais souhaité. Je veux travailler dessus au quotidien pour garder les meilleurs souvenirs possibles. Je me vois comme une femme libre, et je veux être cette femme. Quand je serai une femme âgée, je veux pouvoir me dire que j'ai été tellement aimée par un homme, et réciproquement, que j'aurai baisé comme jamais. Mais c'est faux... Je suis très jeune et j'ai toute la vie devant moi, mais j'ai peur de ne jamais être prête pour réaliser ces « objectifs ». Je suis tiraillée entre le besoin de vivre ma vie comme je le souhaite, et ma peur du risque, ma peur d'être heureuse peut-être, parce que c'est très intense comme sensation. Un jour, j'aimerais devenir comme ces gens qui ont aimé intensément et baisé comme jamais. Je veux juste que ma vie soit pleine d'amour. Bref, je ne sais pas ce que j'attends, je rejette tout le temps la faute sur les autres. Et j'étais persuadée que le problème venait d'eux alors que non, tout est une question de confiance en soi. Il faut assumer ce que l'on veut et faire le tri pour aller vers cela. Mais j'ai l'impression de ne pas tout à fait savoir comment. Déjà, je suis sur un début de solution en venant ici.

Message reçu sur Instagram

**Passer à côté de sa vie,
c'est croire qu'il faut aller
de l'avant alors qu'il faudrait
revenir sur ses pas.**

J'ai souvent cru qu'il fallait avancer pour arrêter de souffrir, jusqu'à ce que je réalise que c'est souvent la même scène qui se rejoue en boucle, malgré les différences de personnes, de décors et de temporalités. On veut avancer quand on croit qu'il y a un chemin qui nous mènera vers moins de souffrance sans avoir à vivre cette souffrance. On veut avancer quand on croit qu'on peut trouver une solution à un blocage sans se confronter à l'émotion bloquée. On veut avancer quand on croit que la résolution se trouve à l'extérieur de nous. On veut avancer quand on croit que la clé est devant alors qu'elle est derrière. On veut avancer quand on croit que quelqu'un – son partenaire, ses parents, ses amis, son thérapeute – va faire le boulot à notre place.

Les seuls moments où je suis passé à côté de ma vie sont ceux où j'ai cherché à fuir ce que je ressentais au fond de moi. J'étais terrifié à l'idée d'exprimer ma rage ou mon chagrin, parce que je pensais que j'allais me retrouver seul, ne plus être aimé ni compris, ou que je ne contrôlerais plus rien. J'ai toujours revendiqué ma liberté, mais, en réalité, j'étais prisonnier de mes propres émotions puisque je ne les acceptais pas. J'avais beau tout bien faire – enchaîner les projets, avoir un certain confort, des relations quand je le désirais, des super thérapeutes et des amis –, je passais à côté de ma vie, celle qui se jouait en moi. Je faisais des stages de développement personnel, des thérapies, des formations. Je lisais tous les livres de spiritualité, de communication non violente, d'intelligence relationnelle et de psychologie. J'écoutais des centaines de podcasts et de vidéos sur Internet jusqu'à l'écœurement.

Et puis j'ai commencé à réfléchir à ma vie par le prisme de mes traumas, de mes souvenirs d'enfance, de mes échecs. Aujourd'hui, je me connais beaucoup mieux, mais je suis encore en lutte **parce que j'ai rempli mon cerveau de connaissances, de théories, de concepts, d'exemples venant des autres pour m'éviter de vivre ce qui me traverse.** Si je suis triste, je sais l'identifier, je sais d'où cela me vient. Je sais, mais savoir ne m'a jamais aidé dans ce genre de situation. Je dois au contraire désapprendre tout ce que je sais pour dégager le chemin vers l'émotion qui veut sortir.

On croit toujours qu'il faut aller de l'avant. En réalité, le seul chemin qu'on a parcouru est celui qui nous a éloignés de nous-mêmes et de l'expérience de qui nous sommes au fond, en dehors de tout conditionnement.

Il est important de pouvoir nommer nos émotions, mais le plus important reste cette étape de l'expérience. Elle seule libère, elle est notre seule réalité – le reste, comme dirait l'autre, c'est dans la tête. Paradoxalement, ce sont donc nos émotions qui nous contrôlent ; jusqu'à ce qu'on cesse de les contrôler.

Un pas de plus vers l'amour

Pour m'enraciner, la méditation est un des moyens le plus accessible et le moins coûteux. Praticable partout et à tout moment de la journée, la méditation est ma faculté à être présent à moi pour me remettre dans le chemin que je suis en train de parcourir. Comme beaucoup de pratiques, ce n'est pas la durée qui aura le plus d'effet, mais la répétition inscrite dans mon quotidien. Je peux choisir un moment précis de ma journée, comme le matin au réveil ou le soir avant de me coucher ; une durée accessible, d'une à trente minutes, par exemple ; trouver une posture confortable et un environnement calme ; fermer les yeux, prendre de grandes inspirations, relâcher consciemment et sans forcer les parties de mon corps en tension sur les expirations, jusqu'à percevoir mon intériorité. Une fois la méditation installée, je peux simplement me poser la question : « Qu'est-ce que je ressens ici et maintenant ? », sans chercher à changer quoi que ce soit. Lorsque je sors de ma pratique, je peux noter les informations qui me sont venues.

La peur de faire mal

ou quand je cherche à être une bonne personne

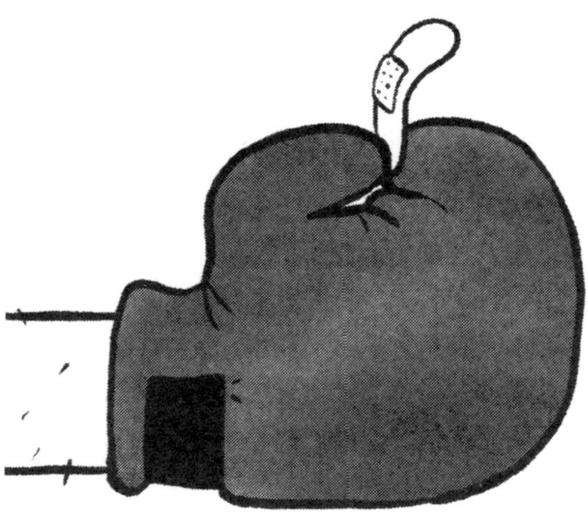

J'ai peur d'être une mauvaise personne, de décevoir ma famille, de leur faire honte. J'ai peur de faire du mal aux autres. J'ai peur d'être nocive, néfaste. J'ai peur de mes erreurs, peur d'avoir mal fait, mal dit. Peur d'affronter mon passé, et les erreurs que j'ai commises. J'ai peur de l'incertitude, peur du doute, peur de l'ignorance. J'ai peur de ne jamais aller mieux.

Message reçu sur Instagram

Je répare une blessure quand j'accepte que je suis moi-même capable de faire à l'autre la pire chose que l'autre puisse me faire.

Un des réflexes inconscients et pourtant naturels des enfants est de protéger la relation à leurs parents. Parfois en s'appropriant leurs émotions dans une tentative de soulager leurs figures d'attachement et de sécurité. Parfois en se conformant à leurs injonctions de ne pas rompre le lien. Et nous poursuivons ce(s) schéma(s) une fois devenus adultes. Par exemple, la croyance selon laquelle il faut être une bonne personne naît de cet instinct de protection. Être quelqu'un de bien, c'est l'être aux yeux de nos parents et correspondre à leurs attentes, à leurs critères, à l'éducation qu'ils nous ont donnée, à leurs désirs, à leurs besoins. Ou plutôt ce que nous avons traduit, compris et intégré de leurs attentes, critères, désirs, et besoins. Une société se construit, dans une certaine mesure, à partir des individus qui la constituent et de leurs valeurs. Chacun de ces individus a interprété ce qu'il était bon de faire au regard de sa relation à ses parents. En définitive, très peu de personnes redéfinissent les valeurs qui leur ont été inculquées de génération en génération. Même celles qui se jurent qu'elles ne seront jamais comme leurs parents finissent par les imiter.

Pendant de nombreuses années, j'avais tellement peur de ne pas être aimé que je faisais tout pour l'être, et surtout pour que les autres aient une bonne image de moi. Mon père m'avait rejeté à la naissance et j'avais subi une trahison à l'âge de 7 ans. En réponse, j'étais devenu l'être le plus conciliant au monde. Il était impensable pour moi de ne pas être juste ou de trahir qui que ce soit car c'était la pire chose qu'on pouvait me faire. **J'étais donc persuadé d'être une bonne personne**, de celles qui sourient tout le temps mais qui savent rester discrètes, qui pensent toujours à l'autre avant de penser à elles, qui font toujours en sorte que tout le monde se sente bien et qu'il n'y ait pas de conflit – je détestais ça. Cela ne m'a pas empêché de me sentir trahi dans mes différentes expériences professionnelles, amicales ou amoureuses. Je ne comprenais pas comment ça pouvait m'arriver, alors que je faisais tout pour être apprécié.

Et puis j'ai eu un retour de bâton. Certains appellent cela le *karma*. Un ami m'a laissé un message très dur au sujet d'un ami que nous avons en commun, alors que je ne parlais plus à ce dernier depuis un an : « Je ne comprends pas qu'avec tout le travail que tu fais sur toi, tu aies pu lui faire ça ! Il s'est senti trahi comme jamais alors que vous étiez des amis très proches… et tu ne t'es jamais excusé. » Mon réflexe a été de me justifier et de rétablir la vérité. J'étais dans le déni, et, pris par la peur, j'ai attaqué avant de fuir.

J'étais abasourdi et choqué : je n'arrivais pas à concevoir que mon comportement ait pu blesser une personne et qu'elle en souffre encore. Mais voilà, j'avais perdu un ami cher sans comprendre ce qu'il s'était passé, jusqu'au jour où j'ai accepté que j'avais été capable de la pire chose qu'on puisse me faire : me trahir et me rejeter. Je prétendais être irréprochable au lieu d'assumer mes erreurs. Je prétendais avoir fait ce qu'il fallait plutôt que ce dont il avait besoin. Je prétendais avoir oublié cette histoire au lieu de me laisser toucher. La trahison que j'avais vécue et interprétée comme telle dans mon enfance était ce que j'avais voulu éviter à tout prix par la suite. **En cherchant à me détourner de l'émotion que j'avais ressentie à cette époque, je me suis construit en opposition et j'ai fini par la reproduire.**

Lorsqu'on vit un choc émotionnel dans les premières années de notre vie, on ne dispose pas des ressources nécessaires pour réagir avec discernement. Dans un réflexe de survie, notre inconscient nous coupe d'une partie de nous-mêmes. **Le choc est tel qu'il nous est impossible de nous le représenter et d'en traiter le contenu.** Le trauma devient alors un traumatisme et l'émotion qui n'a pas pu être exprimée à ce moment-là se cristallise. Plus tard, elle cherchera à s'exprimer dans de multiples contextes pour libérer la partie de nous mise en sommeil, quitte à ce que nous devenions à notre tour la personne qui appuie sur la blessure de l'autre.

Prendre le risque de ne pas être une bonne personne est une occasion de faire l'expérience de notre humanité imparfaite et de voir qu'une blessure est peut-être toujours active. **Réparer ce qu'on a pu faire à l'autre nous répare.**

Un pas de plus vers l'amour

Pour changer la perception que j'ai de moi-même, notamment si je me vois comme une personne néfaste ou nocive, je peux déjà me rappeler que je ne suis pas mes comportements. J'ai des comportements, mais ceux-ci ne me définissent pas, car je suis un être bien plus riche et bien plus complexe. Je peux ensuite me demander « envers qui ? » j'ai l'impression d'avoir un comportement négatif, et « comment je le sais ? ». Enfin, en fonction de ce que je veux dans cette relation, si elle existe toujours, je peux exprimer à l'autre mes doutes, mes certitudes et lui présenter mes excuses.

La peur de l'imposture

ou quand je ne me sens pas légitime

Bonjour, je t'avoue que j'ai surtout un besoin de parler à un inconnu pour un peu exorciser la chose. Merci du temps que tu prendras à me lire et à m'entendre. Je fréquente un homme qui a globalement réussi sur tous les points de vue, très très médiatisé, mannequin à ses heures perdues, (très) riche, bon niveau d'études, épanoui dans son travail, mais qui, dès le début de notre relation, n'a pas eu peur de me montrer ses faiblesses, ses doutes, ses peurs (et c'est d'ailleurs ça qui m'a séduite, étonnamment). Mais moi, ça bloque, je me sens incapable de me montrer sous « mon vrai jour », de montrer mes doutes ou mes faiblesses, par peur de détruire l'image qu'il s'est faite de moi. J'ai peur de ne pas être assez bien pour lui, peur qu'il découvre la « supercherie », peur de faire partie de ces femmes qui vivent par et pour leur homme, peur de souffrir de la comparaison avec lui, peur d'être enfermée dans une image qui n'est pas vraiment moi.

Message reçu sur Instagram

La quête de mérite nous empoisonne.
Le seul fait que j'existe me rend légitime.

J'ai été à cette place. Pas celle de cette femme qui témoigne, mais celle de l'homme en face. Celui qui a un certain succès dans tout ce qu'il entreprend, les albums d'artistes populaires, la notoriété, et qui finit par s'y habituer. Celle de l'homme qui reçoit des récompenses, des prix, des nominations. Celle de l'homme qu'on photographie, à qui l'on donne la parole et qu'on demande en interview. Celle de l'homme qui a un bon niveau d'études, souvent major et sans trop d'efforts. Celle de l'homme qui fait le mannequin à ses heures perdues, juste pour le fun et parce qu'on lui dit qu'il passe bien à l'image. Celle de l'homme sollicité par les femmes, jalousé par les autres hommes, même parfois ses propres amis. Celle de l'homme qui reçoit des invitations pour une nuit ou une vie, qui peut choisir ses partenaires à sa guise. Celle de l'homme qui exprime à haute voix ses faiblesses, ses peurs et ses doutes et qui reçoit de la compassion de la part d'inconnus.

J'ai été aussi et surtout à la place de l'homme en couple dont la partenaire ressent exactement ce que cette femme ressent. Celle qui a l'impression de ne pas faire le poids face aux autres femmes, celle qui pense être en compétition et qui a déjà perdu, celle qui ne s'estime pas assez belle, brillante, sexy, intelligente, cultivée, éveillée, intéressante. Celle qui se sent insuffisante. Celle qui se dévalorise, celle qui préfère dire non que oui pour anticiper les dangers. Celle qui préfère s'isoler plutôt qu'on la regarde. Celle pour qui c'est trop d'être avec un homme comme ça.

Pourtant, malgré cette réussite apparente, j'étais malheureux, je ne m'aimais pas réellement, et je souffrais d'un vide intérieur si grand que j'ai cherché à me remplir de l'extérieur, reprochant à cette femme de ne pas être assez. Je m'étais construit un monde qui me permettait de compenser mon manque absolu d'estime et de confiance en moi. Un monde qui allait me donner l'illusion de me remplir, de compter pour les autres, d'avoir une place et de la reconnaissance ; en un mot, d'être important. Un monde qui me valoriserait pour ce que je fais, et non pour qui je suis. Un monde qui me confirmerait au quotidien ce que je cherchais à prouver sans relâche. Un monde qui refléterait mes qualités et dissimulerait mes défauts. Un monde qui me dirait toujours oui, et jamais non. Un monde qui finalement m'a éloigné de moi-même et m'a imposé de porter mon masque jour et nuit.

Je me dévalorisais tellement sans me l'avouer à moi-même que j'étais devenu orgueilleux. J'avais choisi un monde de succès apparent et une femme fragile et moins confiante que moi, ce qui me permettait de continuer à briller. Nous nous sommes séparés plusieurs fois, jusqu'à ce que je réalise que j'avais encore plus besoin qu'elle d'être rassuré sur ma valeur. Ce jour-là, accepter que je ne m'aimais pas a été le premier geste d'amour envers moi-même et envers elle. Elle s'est émancipée et a commencé à exprimer sa grandeur quand j'ai enfin laissé de la place à ma vulnérabilité.

Tout le monde a besoin de reconnaissance, mais pas forcément de légitimité. L'imposteur se sent illégitime d'être la source de son propre bien-être et projette toujours des raisons extérieures à lui-même pour justifier ce qu'il reçoit. Il se place alors en victime : « Je ne mérite pas tout cet amour. » Il fuit la responsabilité de ce qui lui arrive, dans l'incapacité de recevoir de l'extérieur. Je me sens reconnu dès lors qu'un autre valide mon existence par le simple fait d'être là, en face de moi. Je peux exister si je peux être l'autre de quelqu'un.

La légitimité, elle, n'est que la validation partielle et subjective de ce que je mérite et qui correspond aux critères biaisés d'un autre qui fait autorité sur moi. Lorsqu'on éprouve un manque de reconnaissance, cela touche à notre blessure narcissique et à l'estime de soi. Quelle est la valeur de qui je suis ? Lorsqu'on ressent un manque de légitimité, cela touche à la confiance en soi, autrement dit notre capacité à faire et nos compétences. Il arrive alors bien souvent que derrière le sentiment d'imposture d'une personne tout à fait compétente se cache un manque d'estime de soi qui n'est pas lié à ses compétences. Discerner les deux peut être un point de départ pour reconnaître ses compétences et commencer à explorer la valorisation de l'être. **Même si j'ai besoin de l'autre pour me sentir reconnu, la seule autorité qui fait foi sur ma vie est celle qui vient de moi. C'est ma capacité à être un bon parent pour moi-même.**

Un pas de plus vers l'amour

Pour apprendre à vivre pleinement la légitimité de qui je suis, je peux observer la place que je prends, et substituer à l'idée que c'est grâce à l'autre ou parce que je le mérite l'idée que c'est bien moi qui ai choisi cette place. Si je vis quelque chose de positif, c'est parce que j'ai choisi de le vivre, et non parce que je le mérite. Si je vis quelque chose de négatif, c'est aussi parce que je l'ai choisi, et non parce que je le mérite.

La peur d'être autonome

ou quand je fusionne avec l'autre

J'ai peur de laisser l'homme que j'aime, d'arrêter de lui parler, de ne plus le voir. En sachant que je suis la seule à aimer l'autre… Depuis trop longtemps ça dure, mais je n'arrive pas à le lâcher. J'ai essayé de partir. J'ai réussi plusieurs fois. Mais je suis toujours revenue… Parfois suite à un de ses messages, d'autres fois de moi-même car je suis accrochée à lui, passionnément. Je n'arrive pas à savoir si c'est parce que je l'ai dans ma vie depuis quelques années déjà, comme une habitude. Est-ce que c'est son absence qui me fait peur ? Ou bien l'incertitude de ne jamais ressentir ça avec quelqu'un d'autre ?

Message reçu sur Instagram

L'enfant apprend à marcher
en tombant et en se relevant.
L'adulte passe sa vie à chercher
des béquilles.

La confiance en moi et en la vie, je ne l'ai pas gagnée quand j'ai eu mon bac, ni quand j'ai trouvé un job en CDI avec un bon salaire, ni quand j'ai vécu des romances et des passions, ni quand j'ai eu plein de likes, ni quand j'ai réalisé des albums à succès, ni quand j'ai suivi des patients en thérapie, ni quand j'ai reçu des prix… La confiance en moi, je l'ai gagnée quand j'ai pris des râteaux, quand j'ai annulé mon mariage, quand j'ai eu un accident de moto, quand j'ai fait des albums qui ne se sont pas vendus, quand j'ai chanté faux sur scène, quand ma grand-mère est morte, quand mon meilleur pote m'a lâché du jour au lendemain, quand mon père est parti, quand je sortais du métro sinon j'avais l'impression que j'allais crever, quand je ne réussissais pas à bander lorsqu'une fille me plaisait, quand j'étais à découvert tout le temps et que je travaillais juste pour être à zéro, quand j'ai pris un K.O. à mon premier combat au bout d'à peine trente secondes… et que je me suis relevé, et que j'ai continué à vivre.

Sous la peur d'échouer, il y a la peur de ne pas être aimé, validé, compris, la peur d'être rejeté, la peur de ne pas être parfait ou encore de perdre sa toute-puissance.

La société est fondée sur un système de réussite, de performance et de notation qui témoigne de notre besoin viscéral de nous comparer les uns aux autres. À la préhistoire, il fallait être le plus fort, le plus malin et le plus habile pour survivre aux dangers de la nature et des animaux sauvages. Le patriarcat a largement contribué à maintenir les valeurs de domination à travers les époques et dans tous les aspects de nos vies, au détriment du lien et de la collectivité. Mais ce n'est pas le seul conditionnement qui nous a amenés à vouloir faire mieux, et surtout mieux que les autres.

Nous sommes éduqués avec l'idée qu'il faut réussir sa vie et devenir quelqu'un. Nous nous mettons très jeunes dans les rails de la récolte des bons points, avec la croyance que cela nous donnera de la valeur. J'aurais aimé que l'on me dise qu'il n'y avait rien à réussir, que la perfection n'existait pas et que je me suffisais tel que j'étais et tel que je deviendrais. Oserait-on dire à son grand-père mourant qui a gagné moins d'argent que nous ou qui ne s'est pas marié qu'il a raté sa vie ? Oserait-on dire à son enfant autiste qui n'a pas de très bonnes notes à l'école qu'il est en train de rater sa vie ? Oserait-on dire à sa femme secrétaire modeste, payée au SMIC, et à qui on annonce un cancer du sein, qu'elle a raté sa vie ? Faut-il avoir un incroyable talent pour réussir sa vie et devenir quelqu'un ? Beaucoup d'acteurs du développement personnel, du coaching et des réseaux sociaux nous poussent à devenir de meilleures versions de nous-mêmes. Instagram est devenu l'espace de prédilection de « qui a la meilleure vie ». **Et si mieux nous connaître pour nous réaliser et contribuer à la réalisation des autres était déjà une quête suffisamment colossale ?**

Un pas de plus vers l'amour

Mon autonomie et ma confiance en moi s'acquièrent quand j'arrive à voir ce que j'ai appris des moments difficiles de ma vie. Pour cela, je peux commencer par prendre de petits risques, comme solliciter quelque chose et oser envisager une réponse négative. Aller à la boulangerie et demander à ce que l'on m'offre un croissant, demander un compliment à un inconnu, demander un câlin à un ami… Je peux tout demander si j'accepte la réponse de l'autre.

La peur de l'intimité

ou quand je me ferme à l'autre

Bonjour, tu dois certainement recevoir beaucoup de messages mais je me lance… J'ai peur d'avoir des sentiments, de ressentir des choses. C'est peut-être étrange mais c'est quelque chose qui me terrifie. J'ai peur de briser cette carapace que je me suis forgée depuis longtemps et de m'apercevoir qu'il y a peut-être un cœur sous cette poitrine. J'ai tellement peur de montrer ce que je ressens.

Message reçu sur Instagram

L'intimité,
c'est quand deux personnes lâchent
la volonté d'être le centre
du monde.

On passe notre temps à éviter d'être intime avec soi et avec l'autre. Nous nous voyons sans vraiment nous regarder, nous échangeons sans vraiment nous parler, nous nous touchons sans vraiment être touchés. Pour entrer en intimité, il est nécessaire de passer la phase de séduction où l'on cherche à plaire, la phase de romantisme où l'on cherche à fusionner, la phase de distanciation où l'on cherche à défendre son camp, la phase de lutte de pouvoir où l'on cherche à dominer, et la phase de désespoir où l'on cherche à fuir. La plupart des relations se terminent dans la distance, la lutte de pouvoir ou le désespoir. **On se quitte souvent ignorants parce que l'on ignore les raisons profondes qui nous poussent à entrer en relation avec quelqu'un.**

On met fin à la relation au moment où l'intimité est enfin possible, au moment où l'on se montre vulnérable. Et c'est encore plus douloureux : ça fait alors des mois – voire des années – qu'on se cache nos défauts, qu'on cherche à plaire, qu'on veut que ça marche. On entretient la dépendance affective en restant victime, bourreau ou sauveur, on cherche à être parfait, et on veut avoir raison sur qui on croit être et sur ce que l'autre doit penser de nous. **Paradoxalement, on veut tellement être aimé qu'on ne veut pas que l'autre nous connaisse vraiment. On a tellement bien rodé le personnage qu'on s'est construit et qu'on vend à tout le monde qu'on est effrayé à l'idée de se montrer tel qu'on est.** Il n'est pas question de tout balancer au visage de l'autre non plus car ce serait à nouveau se créer un personnage. Pendant longtemps, j'ai joué à être celui qui dit tout, qui cherche à être sincère, authentique et humble 24 heures/24, qui impose ses états émotionnels à l'autre et attend la même chose en retour.

Lorsque j'ai commencé ma thérapie et que j'ai découvert les coulisses de la psyché et des relations humaines, un univers s'est ouvert à moi. Comme dans *Matrix*, j'avais l'impression de passer d'un monde à un autre. Je m'inscrivais à tous les stages et ateliers qui traitaient des émotions, de la conscience, de l'énergie, du chamanisme. Dans le même temps, je regardais une vidéo tous les matins au réveil et j'achetais des piles de livres dont chaque page me prenait à peu près une semaine de digestion. Mon environnement changeait, je changeais physiquement, mes intérêts changeaient, mon entourage changeait, mes partenaires changeaient. Et je suis tombé dans ce piège que connaissent beaucoup de personnes dans ma situation : je voulais que les autres me ressemblent. J'étais allé tellement loin dans ma démarche et cela m'avait fait tellement de bien que j'étais devenu ce nouveau monde, et ma vie en dépendait. J'avais fait de l'intimité et de l'introspection une recette qui me servait à nouveau à séduire, à créer des relations et à exister. Comme en chaque aspect de la vie, il y a un juste équilibre à trouver.

Les réseaux sociaux sont devenus la toile sur laquelle chacun peut s'exprimer librement, mais souvent loin d'une réelle intimité : celle qui ne peut exister qu'en relation directe avec soi-même et avec les autres. Témoigner sur sa vie intérieure, montrer des facettes savamment choisies de sa vie extérieure sur la place publique ne sont pas toujours gages d'authenticité et de vulnérabilité. Ces deux valeurs prennent de plus en plus de place dans la culture populaire, tirant parfois vers l'impudeur, la démonstration et le voyeurisme. L'ego est cette part de nous qui cherche à exister, mais à quel prix ? Nous montrons toujours quelque chose de nous, consciemment et inconsciemment, et il y a bien souvent plus d'informations dans ce qui n'est pas visible. Tout est une question d'intention. Qu'est-ce que je dis de moi, qu'est-ce que je veux dire de moi, et qu'est-ce que les autres veulent voir de moi ? Ressentir nos émotions, les exprimer et s'autoriser à les vivre est un long processus et une manière d'honorer la vie qui circule en nous. Cela nous demande de bien vouloir reconnaître nos conditionnements et nos identifications pour nous en libérer. **L'intimité est le plus haut degré de relation. Je veux que l'autre me connaisse totalement parce que je veux me connaître totalement.**

Un pas de plus vers l'amour

La première chose que je peux faire pour briser ma carapace est d'identifier de quoi elle est faite. Je peux noter les facettes de moi que je n'apprécie pas, les classer de la plus facile à exprimer à la plus difficile. À ce stade, je peux me rappeler que chaque part de moi a une utilité, mais qu'il est possible que je ne les emploie pas forcément de manière appropriée dans certaines situations. Je peux alors noter en face de chacune d'elles quel peut être son aspect positif lorsqu'elle est exprimée dans un contexte adapté.

La peur d'aimer

ou quand je ne veux pas souffrir

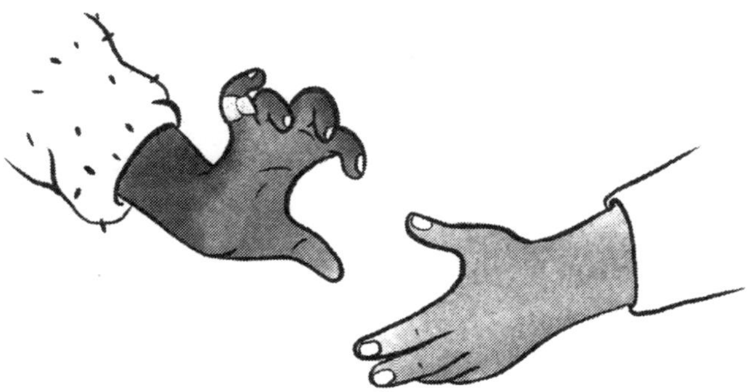

J'ai peur de l'amour. J'ai peur parce que j'ai été tellement déçue et les mecs ne se rendent pas compte à quel point ça nous impacte. Je me suis fait briser le cœur par le MÊME plusieurs fois parce que j'ai été trop conne seulement par amour. Du coup, je sais que je le veux lui, et que je suis prête à souffrir une semaine juste pour être dans son lit une nuit. Je ressens la douleur dans mon cœur chaque fois que je pense à lui, je la sens réellement dans ma poitrine, et ça me terrifie au plus haut point qu'il ait autant d'impact sur moi seulement par amour. Rien que d'écrire ça j'ai les larmes aux yeux. Ça me tétanise maintenant de penser à tourner la page pour aimer un autre car je ne veux plus ressentir ça... *Pretty sad, no ?*

Message reçu sur Instagram

On confond amour avec :
sacrifice ;
manque ;
attachement ;
jalousie ;
dépendance ;
souffrance ;
possession ;
sécurité.

Dès la naissance, nous avons deux besoins fondamentaux : l'attachement et la sécurité. Ils se traduisent par deux notions complémentaires : l'amour et la survie. Dans les premiers moments de notre existence, ces deux notions sont le prisme par lequel nous filtrons et classons toutes nos expériences. Cette classification nécessaire donnera parfois lieu à d'étranges cocktails où recevoir un câlin et se prendre une gifle pourront se retrouver dans *amour*. Il se peut aussi que boire son biberon à la bonne température et subir l'agressivité d'un père alcoolique se retrouvent tous les deux dans *survie* . À terme, nous définissons le lien d'attachement et la sécurité par tout ce que nous y avons classé, et les deux sont intimement liés : **un amour équilibré se construit sur une base de confiance en l'autre et de sécurité intérieure. Une sécurité intérieure se développe dans un cadre bienveillant et aimant.**

Quelques années plus tard, à l'adolescence, nous commençons à vérifier notre classement à travers nos premiers groupes de copains, nos premières relations amoureuses et sexuelles, etc. L'exploration du monde et de ses propres limites s'inscrit dans le tissage de relations intimes en dehors du contexte familial. Malgré un décor et des personnages différents, nous projetons inconsciemment les bases de notre construction héritée de notre éducation.

Adultes, nous consolidons nos définitions en les fixant à travers des scénarios répétitifs qui nous permettent de les prouver, de les défendre jusqu'à nous définir comme tels : quelqu'un d'abandonné, de rejeté, de violent, de frigide, d'impulsif, de maladroit, de sacrifié, d'aidant, d'instable, de débrouillard, de fragile, d'incompris, de délaissé, de jaloux, de possessif, de courageux… C'est à travers ce prisme que nous allons percevoir notre vie et choisir nos expériences et nos relations. Si je me suis construit avec amour = déception, et sécurité = inaccessible, je vais vivre des relations décevantes avec des personnes dont le cœur est inaccessible. Je vais me définir comme quelqu'un qui accepte de souffrir par amour.

Pour ma part, j'ai longtemps assimilé la notion de compromis dans le couple à la notion de sacrifice, à l'instar de ma mère qui, après s'être trop absentée à mon goût de bébé *insecure*, avait sacrifié sa carrière de danseuse pour se consacrer à moi. **J'avais intégré que j'étais aimé quand l'autre se sacrifiait pour moi et que j'aimais lorsque j'étais**

prêt à me sacrifier pour l'autre. Ignorer ma mère après chacun de ses retours du travail a été ma stratégie pour le lui faire comprendre et pour me protéger. Ses absences à répétition soirs et week-ends pour danser ont donné lieu à une définition de la sécurité et de la survie fondée sur la présence-absence justifiée par le travail.

J'ai plus tard imposé ce rythme à mes partenaires jusqu'à leur reprocher de ne pas avoir de passion qui justifierait leurs indisponibilités hebdomadaires. En définitive, dans mon inconscient, je me sentais aimé quand mon amoureuse se sacrifiait pour moi, et, paradoxalement, je me sentais rassuré quand elle était autonome et faisait ses activités sans moi. J'étais pris par cette contradiction existentielle : d'un côté, le besoin d'être en lien avec l'autre, au risque de disparaître en tant qu'individu en ne faisant qu'un à deux ; de l'autre, le besoin de séparation et d'individuation – et la menace de perdre le lien avec l'autre. C'était évidemment un non-sens pour l'autre, mais tout à fait logique pour moi.

Il y a quelque chose de masochiste à reproduire nos schémas familiaux et nos manques de l'enfance. Mais encore une fois, il peut paraître plus rassurant pour notre inconscient de suivre toujours le même chemin, emprunté depuis des années. L'amour adulte, et non infantile et parental, ne peut advenir qu'en désapprenant et en déconstruisant les routes abîmées, usées et déformées de notre passé. **C'est lorsque je suis dans une relation que j'ai l'opportunité de prendre conscience des schémas que je projette et que je peux puiser dans ma créativité et ma volonté pour redéfinir ce que sont pour moi l'amour et la sécurité.**

Un pas de plus vers l'amour

Pour construire ma propre sécurité intérieure, je peux commencer par lister tout ce qui me permet de me sentir rassuré, seul ou en relation, au travail, durant les réunions de famille, en couple, en amitié, ou lorsque je suis avec des inconnus. Avec cette liste, je peux aussi observer si je privilégie le canal visuel (« j'ai besoin de voir, de lire, de regarder… »), auditif (« j'ai besoin d'entendre, d'écouter, de silence… ») ou kinesthésique (« j'ai besoin de sentir, de toucher, de prendre… »). Je sais alors que pour me sentir en confiance, j'ai par exemple besoin de recevoir des messages, ou qu'on me dise des compliments, ou qu'on fasse des choses avec moi…

La peur d'être seul·e

ou quand je ne veux pas perdre l'autre

Hello ! J'ai peur d'être seule, sans amour. J'ai peur que mon entourage m'abandonne, qu'il parte et ne revienne pas. J'ai peur de ne pas compter pour les personnes que j'aime, de n'être qu'une poussière infime qui disparaît du jour où elle est emportée ailleurs. Petite, je n'ai pas eu beaucoup de signes affectifs de mes parents, ce qui se répercute aujourd'hui régulièrement sur ma vie. J'ai peur qu'on ne m'aime plus, qu'au moindre pas de travers, on m'en veuille jusqu'aux entrailles de la terre. C'est une peur d'enfant de 4 ans que je vis aujourd'hui à mes 18 ans.

Message reçu sur Instagram

Je m’infantilise en relation
quand j’attends que l’autre :
réponde à mes besoins ;
lise dans mes pensées ;
change ;
me rassure ;
m’aime en retour ;
me donne autant que je donne.

Les relations dites « toxiques » impliquent la collaboration inconsciente des deux personnes qui l'incarnent. Dans ce cas, les attentes implicites priment sur l'autonomie et l'indépendance des protagonistes, chacun prenant la fonction complémentaire de l'autre.

Je suis resté dans une relation amoureuse qui était fondée sur notre dépendance affective mutuelle pendant huit ans. Ma partenaire avait régulièrement besoin d'être rassurée sur l'intensité et l'authenticité de mon amour. Lui dire « je t'aime » ne lui suffisait pas, elle voulait des preuves d'amour, comme pour vérifier que j'étais bien le bon partenaire de vie. De quatre ans mon aînée, elle entrait dans la période où les couples autour d'elle commençaient à construire des projets : enfants, mariage ou investissement dans un bien commun. À cette époque-là, je découvrais le monde du travail, l'autonomie financière et l'excitation liée à des projets artistiques à succès. J'étais accro au boulot et m'installer avec quelqu'un ne faisait pas partie de mes plans.

Malgré l'argent et l'énergie que j'investissais pour entretenir notre niveau de vie, son besoin d'être rassurée me renvoyait perpétuellement au sentiment d'être insuffisant, et donc d'être un mauvais partenaire. Je n'avais pas conscience que je faisais tout pour ne pas m'engager et fuir l'intimité de la relation. En parallèle, je passais mon temps à lui reprocher de ne pas avoir de projet artistique à elle, de ne pas avoir d'ambition. Je la ramenais toujours au fait qu'elle ne gagnait pas assez d'argent, qu'elle n'était pas assez créative, ou du moins qu'elle ne l'exprimait pas. J'étais cassant et je lui en voulais de me casser.

En réalité, je ne réalisais pas à quel point j'avais moi aussi besoin d'être rassuré pour m'engager. Je n'avais pas conscience que j'avais énormément d'attentes vis-à-vis de sa réussite personnelle. Qui allait assurer si je levais le pied ? Qui allait me faire rêver si je m'installais dans ce quotidien ? Qui allait me motiver si je mettais de côté mon ambition ? Elle voulait un homme et nous jouions les rôles d'une petite fille inquiète et d'un père autoritaire. Je voulais une femme et j'étais un petit garçon angoissé avec une mère castratrice.

Deux enfants ne peuvent pas avoir d'enfant. De nombreuses relations dites fusionnelles fonctionnent sur un mode parental. Je me mets en position d'attente vis-à-vis de l'autre, considérant qu'il ou elle doit répondre à mes propres besoins, ce qui donne automatiquement à mon ou à ma partenaire une fonction de parent. Si l'autre répond à mon besoin, il ou elle sera donc le parent bienveillant (sauveur), ou, à l'inverse, le parent autoritaire (bourreau), posant d'office un cadre et des limites. Dans cette dynamique relationnelle, les places d'enfant et de parent bougent et changent en permanence. Nous nous infantilisons dès lors que nous ne répondons pas à nos propres besoins, alors que nous sommes en capacité de le faire.

Nous avons tous et toutes vécu une période de notre vie durant laquelle nous étions complètement dépendants de nos parents et de l'environnement pour garantir notre survie. Paradoxalement, c'est lorsque nos parents n'ont pas répondu à nos besoins que nous avons pu développer notre capacité de survie et d'indépendance. Reprendre nos responsabilités, apprendre à être autonomes sont des étapes essentielles pour améliorer nos relations. **La première phase pour sortir d'une relation toxique est d'exprimer nos besoins, de prendre conscience de nos manques et de voir qu'il n'incombe pas totalement à l'autre de faire de notre plénitude sa mission.**

Un pas de plus vers l'amour

Pour répondre à mes besoins, je peux commencer par les identifier en m'obligeant à les formuler de manière à ce que les solutions ne dépendent pas exclusivement de l'autre. Je me sens bloqué car j'ai la croyance que je n'ai qu'une seule manière valable de faire, qu'un seul chemin pour arriver à mes fins. Le paradoxe caché de la posture de victime et de la dépendance à l'autre est le fait de se sentir irréprochable – « j'ai fait tout ce que j'ai pu ». Alors plus je me crée de choix, plus j'ai de possibilités de répondre à mes besoins.

La peur de s'abandonner

ou quand je n'arrive pas à rencontrer l'autre

Il y a quelques mois, j'ai vécu ce qu'on peut appeler un « coup de foudre ». En deux jours à peine, je me suis retrouvée à penser tout le temps à lui, on avait une connexion folle. Je me suis dit « ça y est, enfin je trouve un homme que j'aime vraiment, qui me passionne et m'attire vraiment ». Mais cet homme-là est empli de peurs et de blocages, et a préféré arrêter ce qui commençait… Mais ça recommençait à chaque fois parce que c'était vraiment fort. Au final, j'en ai tellement souffert que j'ai préféré me dire qu'avec lui, ce serait plus dur qu'agréable, et qu'on devait rester des amis. On s'est éloignés. Depuis peu, on parle à nouveau… Je me sens plus lucide par rapport lui, moins passionnée, mais on sent tous les deux qu'on s'attire toujours, notamment sexuellement (on n'a jamais eu l'occasion de rien faire mais j'en ai eu très envie). J'ai eu envie de le revoir car on a eu malgré tout une importante connexion, mais je me projette un peu dans une relation avec lui car j'ai l'impression que c'est ce vers quoi l'on va (peut-être que je me trompe). Mais je me dis que j'aurais tellement peur de me laisser m'ouvrir entièrement à lui à nouveau, de me laisser l'aimer à nouveau, car j'ai tellement peur que ses peurs et ses blocages me fassent souffrir à nouveau…

Message reçu sur Instagram

Fuis-moi je te suis,
suis-moi je te fuis,
ou comment un couple cherche
en même temps à répondre
à un besoin d'attachement
et à un besoin d'autonomie.
Pendant que l'un fusionne,
l'autre s'isole.

En dépit de ce que pensent de nombreuses personnes, « qui se ressemble s'assemble » et « les contraires s'attirent » ne sont pas deux postulats contradictoires. Ils cohabitent et s'expriment en alternance dans toute relation. C'est pourquoi nous cherchons des partenaires avec qui nous avons des points communs et qu'après quelques semaines, ce qui nous faisait fondre devient ce qui nous agace le plus. **La plupart de mes relations amoureuses se sont arrêtées lorsque les qualités de mes partenaires devenaient des traits de caractère qu'il m'était difficile de supporter.**

« C'est super parce qu'elle est hyper indépendante, du coup on a l'espace pour se manquer ! » Quelques mois plus tard : « C'est naze, on ne se voit jamais, c'est toujours moi qui propose, et c'est toujours quand elle n'a rien de prévu. »

« Elle est passionnée, j'admire beaucoup ce qu'elle fait, et ça marche super bien pour elle, je suis fier d'être avec une femme comme ça ! » Quelques semaines plus tard : « C'est agaçant, dès qu'on sort, on lui saute dessus, tous les mecs la draguent, j'ai l'impression d'être insignifiant… »

« Non mais là, c'est top avec elle, on baise tout le temps, elle adore le cul, j'ai l'impression qu'on peut tout faire et découvrir plein de nouveaux trucs ! » Quelques jours plus tard : « Je suis mort, on ne fait que baiser, j'ai n'ai plus d'énergie, on ne dort presque pas et surtout, j'aimerais bien qu'on fasse autre chose un peu, qu'on sorte et qu'on voie d'autres gens… »

Que se passe-t-il lorsque ce revirement de situation nous arrive ? La phase de lutte de pouvoir, qui suit la phase d'amour romantique et d'attachement, est souvent la période la plus longue et la plus difficile à dépasser pour le couple. Après l'étape de la fusion, où les partenaires se reconnaissent mutuellement dans leurs attraits, s'ouvre un espace où nos blessures émergent avec nos peurs comme moteur.

Tout se joue dans nos premiers mois de vie. Il est rare, pour ne pas dire impossible, qu'un enfant reçoive un amour parental parfaitement équilibré. Si nos parents étaient trop présents, nous avons pu ressentir un étouffement affectif. Au contraire, avec des parents très absents, nous avons pu vivre une véritable carence affective. Ces excès, d'un côté comme de l'autre, ont un impact sur la qualité de nos relations. Dans l'intimité avec nos partenaires, si nous avons vécu cette sensation d'étouffement, nous chercherons notre indépendance coûte que coûte. En revanche, si nous avons subi une carence affective, nous chercherons à tout prix l'attachement à travers la fusion. C'est pourquoi nous fonctionnons parfois comme des aimants. Deux pôles similaires se rejettent, deux pôles opposés se collent. Dans le premier cas, il n'y a pas de place pour l'autre, dans le deuxième, il n'y a pas de place pour soi. Plutôt que de fuir ce qui nous a été donné en excès ou de tenter de récupérer ce qui nous a manqué dans notre enfance, nous pouvons choisir de faire de la relation un terrain sur lequel nous guérissons nos blessures à travers l'autre. À la fois en apprenant de la façon dont notre partenaire a été capable de traverser ses souffrances, et aussi en observant que nous avons parfois les mêmes blessures et des stratégies opposées pour y remédier. Nos expériences individuelles deviennent alors des ressources mutuelles de croissance. **Le couple est la création de cet espace d'évolution à la fois commune et individuelle. L'autre est justement l'occasion de me réapproprier ce que j'ai autrefois été incapable de traverser.**

Un pas de plus vers l'amour

Pour commencer à m'ouvrir, je peux lister les choses qui m'ont manqué dans mon enfance de la part de mes parents. Il est important de relater les événements comme si je racontais une anecdote, de manière concrète.
Par exemple : « À 6 ans, ils m'avaient promis de m'amener au manège ce dimanche et finalement, nous sommes restés à la maison. » Ensuite, je peux noter mon ressenti : « Je me suis senti abandonné et je l'ai vécu comme une trahison. » Enfin, je peux observer avec plus de discernement toutes les situations dans lesquelles je réagis de façon similaire à des expériences qui sont vraisemblablement différentes.

La peur de tout perdre

ou quand je dépends totalement de l'autre

Bonjour, je sors tout juste d'une longue relation de pur bonheur. Tout au long de cette relation, ma plus grande peur a toujours été de perdre ce que j'avais. Cette personne a littéralement changé ma définition du bonheur. Elle m'a fait devenir quelqu'un et m'a fait grandir. J'étais enfin persuadé que j'avais trouvé la perle rare, LA personne pour moi, celle avec qui nous pourrions avancer côte à côte jusqu'à la fin... Et brusquement, ce qui devait arriver arriva. Encore une fois, tout ce que j'avais, je l'ai perdu. Ses sentiments se sont tout simplement évaporés, et j'étais beaucoup trop amoureux pour m'en rendre compte. J'étais aveuglé par mon bonheur et, encore une fois, j'ai perdu ce que j'avais de plus précieux au monde. Ma plus grande peur s'est réalisée, laissant la place à de nouvelles peurs. Vais-je un jour réussir à l'oublier ? Arrêter de prier à longueur de journée pour qu'elle se rende compte de son erreur ?

Dois-je l'oublier pour trouver quelqu'un d'autre ? Est-ce qu'elle a vraiment fait une erreur ? Est-ce que c'est moi qui n'ai pas fait attention ? Et si je n'étais que la conséquence de la disparition de ses sentiments ? J'ai peur au plus profond de mon être de ne pas être aimé comme elle m'a aimé. J'ai peur de ne jamais revoir un regard aussi intense que le sien. J'ai peur de ne plus être épanoui à nouveau, de ne plus connaître le bonheur, de ne plus rencontrer l'amour. Et j'ai peur que l'histoire se répète encore et encore.

Message reçu sur Instagram

La bonne personne
n'est pas celle qui te rend heureux
mais ce sont celles avec qui tu apprends
à te rendre heureux.

La question de l'amour et des peurs qui en découlent est étroitement liée à la quête de la bonne personne, c'est-à-dire celle avec qui je vais pouvoir vivre cet état amoureux de manière inconditionnelle et le partager. Du romantisme du XIXe siècle qui exacerbe les sentiments, en révolte contre la toute-puissance de la raison, aux romances des films anglo-saxons à l'eau de rose, la culture occidentale populaire nous donne une représentation juvénile, voire infantile, de l'amour et du couple. Bercés par les princesses en détresse et les chevaliers à leur rescousse, par les histoires impossibles des Roméo et des Juliette qui passent outre leurs différences de classes socio-culturelles, nous nous sommes construit une image limitée à la fois par nos parents et par la vision *mainstream* de la relation.

La première représentation du couple est celle que nous avons héritée de nos parents. D'abord, je me façonne ma propre définition de l'amour et de la sécurité à travers le lien d'attachement à mes figures parentales (*cf.* « La peur d'aimer »). Dans un second temps, je reçois de mes parents tous les critères qui dessinent leur couple et son fonctionnement. J'absorbe toutes les informations verbales, et aussi et surtout – sans en avoir conscience – toutes les informations non verbales, c'est-à-dire leurs comportements physiques, leurs gestes affectifs ou agressifs, l'absence de gestes, leurs postures, leurs énergies, leurs intentions, leurs variations physiologiques comme leurs expressions faciales. **C'est à travers tout ce langage relationnel hérité de nos parents, et même jusque dans la génétique des générations précédentes, que nous apprenons à exprimer à notre tour nos sentiments et nos ressentiments.** Chaque personne ayant reçu une éducation émotionnelle différente, il y a une grande probabilité pour que l'ajustement relationnel avec nos partenaires soit difficile les premiers temps. D'autant plus si la culture populaire vient renforcer le décalage entre la réalité de nos relations et ce qu'elle nous donne à voir de l'amour.

J'ai eu mon premier grand amour en primaire. Elle était dans ma classe et nous nous sommes suivis jusqu'à ce que le collège sonne le glas de notre quotidien ensemble. Nous étions amis car ma timidité prenait le dessus et je n'ai jamais réussi à lui déclarer ma flamme, alors que nous étions proches et que je le désirais secrètement. J'avais évidemment peur de me prendre un râteau. Finalement, son départ inattendu en Suisse pour le travail de son père m'avait évité d'exprimer mes sentiments. Cette fille est devenue un mythe pendant douze ans. **J'espérais en moi-même, et parfois à ma grande surprise, qu'elle réapparaisse.** Je l'ai fantasmée pendant de longues années, imaginant comme elle devait être encore plus belle dans son corps de femme adulte. Cela ne m'a pas empêché de vivre de magnifiques histoires d'amour, mais j'adorais l'idée romantique – et digne d'un film hollywoodien – qu'un jour on se retrouverait, et que c'était peut-être elle, la bonne personne.

Autour de la vingtaine, je bossais dans un magasin de fringues pour hommes. C'était un job alimentaire et, à ce moment-là, je faisais des études en communication. J'adorais parler aux clients, la plupart du temps des garçons, mais il arrivait qu'une jeune fille ou une mère vienne faire un cadeau à son petit ami ou à son fils.

Un jour, pendant que j'étais en train de replier les jeans pour la douzième fois de la journée, je tourne la tête et vois une jeune femme de dos scruter les étalages. Mon cœur se met à battre la chamade. C'est elle, j'en suis sûr.
« Camille… ?
— Oui… ? »

Elle était comme je l'imaginais et nous nous sommes reconnus tout de suite. Après un léger malaise, nous avons échangé nos coordonnées. Nous nous sommes revus plusieurs fois, en tant qu'amis, pour nous rappeler nos bons souvenirs. Nous nous sommes rapprochés, d'abord par les yeux, puis par les mains et finalement par la bouche. Après plusieurs rencontres, moins d'une dizaine en tout, le feeling s'est estompé. J'ai compris qu'elle était dans sa période volage, toujours par monts et par vaux, à rencontrer des hommes de manière légère et joyeuse. **J'ai aussi compris que j'avais rêvé de ce moment, mais qu'il était passé.** J'ai enfin réalisé que la bonne personne, la femme de ma vie, ce n'était pas elle, mais celle avec qui j'avais déjà une relation depuis plusieurs mois. Celle avec qui je sortais de mes gonds. Celle avec qui c'était compliqué. Celle que Camille avait effacée en quelques semaines. C'était la bonne personne pour moi à ce moment-là, car c'est avec elle que j'étais en relation, et parce que c'est avec elle que j'apprenais à me connaître. C'était moins séduisant, moins passionné, mais c'était réel. Pas un fantasme.

Je suis né au départ d'un père et d'une mère indisponibles. Une première boucle était bouclée.

Un pas de plus vers l'amour

Pour comprendre comment je me suis construit, je dois d'abord comprendre d'où je viens.
Je peux faire un tableau et noter d'un côté tout ce que je considère comme les défauts de mes parents et, de l'autre, tout ce que je considère comme leurs qualités. J'entoure de chaque côté les cinq mots les plus forts et les plus marquants pour moi.
Ensuite, je dessine un nouveau tableau dans lequel j'indique d'un côté ce que j'aurais voulu avoir de mes parents mais que je n'ai pas eu et, de l'autre, les sentiments négatifs que j'ai ressentis à chaque période.
Enfin, dans un troisième tableau, je note d'un côté les frustrations que j'ai connues et, de l'autre, mes réactions à ces frustrations. Je pourrai alors observer ce que l'on appelle l'imago, c'est-à-dire les grandes lignes de ma construction.

La peur de l'impuissance

ou quand j'ai honte de ma féminité

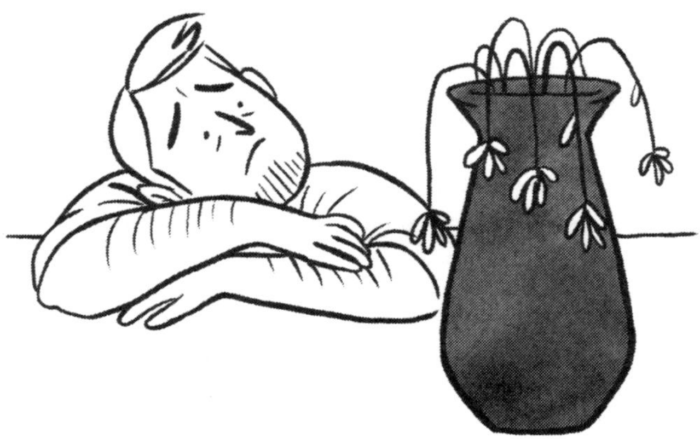

Bonjour, je suis un jeune homme de 27 ans. Ma peur vis-à-vis de la gent féminine est de passer pour un pervers, dalleux et obsédé sexuel. Ce que je ne veux certainement pas. Mais si je m'écoutais plus souvent, je leur dirais *de facto* plus régulièrement mes envies en matière de sexe et d'attirance. Les deux sont liées et ce sont des choses que je refoule depuis de trop nombreuses années à mon goût. En gros, qu'est-ce que vous conseilleriez à un jeune homme qui souhaite améliorer sa communication avec la gent féminine sans pour autant devenir le prochain Weinstein ? Je vous remercie de la considération que vous porterez à ce message, notamment en respectant mon anonymat. Bien à vous.

Message reçu sur Instagram

**La virilité est l'énergie du masculin
utilisée dans une relation
de domination et de pouvoir.
Devenir un homme, c'est sortir
de cette relation toxique avec soi-même
et mettre sa puissance masculine
au service de son féminin.**

La représentation du couple la plus répandue dont nous avons hérité depuis des centaines d'années est celle du patriarcat. Chaque homme et chaque femme sont constitués d'une dynamique masculine et d'une dynamique féminine. Carl Gustav Jung utilise le concept d'*animus* et d'*anima*. En Orient, on parle de yang et de yin, représentés par le Tao, qui n'est autre que le symbole de l'énergie du mouvement de vie. Dans cette vision, ces deux dynamiques ne sont pas genrées homme/femme, tout être humain étant mû par ces dernières.

Dans notre monde occidental, il y a donc souvent une confusion entre les attributs de l'homme et de la femme et :
— le principe masculin, c'est-à-dire la dynamique de concentration ponctuelle de l'énergie ;
— le principe féminin, c'est-à-dire la dynamique de diffusion de l'énergie en continu.

Ces deux dynamiques sont présentes chez chacun d'entre nous.

L'homme a cherché à prouver sa virilité, c'est-à-dire à s'attribuer des critères physiques, physiologiques, comportementaux et sociaux propres à l'énergie du masculin (yang), pour pouvoir se définir et trouver sa place dans le monde. Le grand pouvoir qui différencie l'homme de la femme est celui de donner la vie. Le Tao nous enseigne que donner la vie est un principe purement féminin (yin) qui nécessite l'impulsion du masculin. Ensuite, c'est la femme qui mettra l'enfant au monde. Dans ce processus, l'homme ne peut que bander et éjaculer, dans le cas d'une procréation par voie naturelle. Or, l'homme n'a aucun contrôle sur son érection, et la plupart du temps très peu sur son éjaculation. Aussi, pendant des siècles, il a fait de son pénis et de son érection un symbole de puissance et de maîtrise. Plus trivialement, celui qui contrôle l'usage de son sexe a le pouvoir. Et bien sûr, celui qui a le plus gros et le plus dur est encore au-dessus. Pour un homme, l'impuissance et l'éjaculation précoce sont donc sources de grands complexes existentiels et relationnels.

Dans un rapport sexuel, et peu importe la sexualité, la dynamique féminine correspond à un mouvement de réception active et la dynamique masculine à un mouvement d'activation passive. Mais beaucoup d'hommes qui parviennent à la maîtrise de leur sexe tombent alors dans la toute-puissance et le pouvoir sur l'autre. La grande majorité des films pornographiques, que j'appellerais « non conscients », nous donnent une représentation explicite de ce rapport entre maîtrise du pénis et domination. « Je contrôle mon érection et mon éjaculation donc je contrôle le rapport, donc je te contrôle. » Ce qui est encore une vision patriarcale du sexe, puisqu'elle implique forcément l'usage du pénis, voire de la sacro-sainte pénétration.

Dès lors qu'ils sont pris par leur toute-puissance, ces hommes vont se donner le droit d'abuser et de violer. L'illusion de cette maîtrise engendre une impossibilité viscérale de contrôler leurs pulsions. Ce n'est pas l'homme qui viole, mais la dynamique du masculin hypertrophiée par la peur de l'impuissance. C'est pourquoi certaines femmes dotées d'un excès de yang sont aussi capables d'abuser de certains hommes.

Il n'est donc pas question de genre, mais bien d'équilibre des polarités. La virilité est l'extension de cette hypertrophie du yang. Le fait d'avoir été élevé parmi des femmes m'a permis de développer mon pôle féminin. Mais en arrivant au lycée, j'ai constaté le décalage entre mon attitude et celle de mes camarades garçons. Les hormones sont en pleine effervescence, les carrures se développent, les pilosités sont de plus en plus visibles et la drague est le canal plébiscité pour entrer dans l'intimité. Comparé à mes amis, j'étais plutôt maigrichon, je n'avais pas un poil sur le visage et très peu sur le reste du corps, j'étais plutôt intéressé par la musique et le roller, et non par le foot et les beuveries, et j'avais un mal fou à séduire. Je manquais terriblement de « masculin » pour me donner l'impulsion dans mon rapport aux filles. Quand je partais en vacances avec ma grande cousine, c'est elle qui allait parler à celles qui me plaisaient. Plus tard, durant les étés avec mon meilleur pote, je me sentais frustré et impuissant face à lui qui maniait avec habileté l'art de la drague. Ce n'est que vers mes 28 ans que j'ai fait de la place à mon masculin. C'est au moment où j'étais le plus vulnérable émotionnellement, et moins rigide physiquement, que ma carrure a pu se développer, que mes poils ont poussé et que j'ai commencé à aller vers les femmes de manière plus franche. J'avais accepté ma féminité et je pouvais m'appuyer dessus pour devenir un homme.

Si l'on se réfère à ce témoignage d'homme qui cherche comment devenir un homme auprès des femmes, on remarque que la peur de l'impuissance génère le désir de toute-puissance, qui entraîne à son tour le désir de domination et inévitablement la peur du rejet, et donc de l'impuissance. Le Tao nous enseigne une chose simple et applicable à toutes les situations : **un bon équilibre entre nos pôles masculin et féminin engendre de la création. Leur déséquilibre**

engendre de la destruction. Dans le cas d'une rencontre, le yang donne l'impulsion, le don passif, et le yin dispose du consentement, la réception active.

Un pas de plus vers l'amour

Pour commencer à prendre conscience de mon conditionnement masculin/féminin, je peux déjà observer ce qui m'attire et ce qui me repousse chez les hommes et les femmes de mon entourage. Après avoir fait le tableau de mon imago (*cf.* « La peur de tout perdre »), je peux clarifier par écrit ce qui s'exprime chez moi dans mon pôle masculin – ce qui est de l'ordre de l'impulsion et de beaucoup d'énergie expulsée de manière ponctuelle – et dans mon pôle féminin – ce qui est de l'ordre de la diffusion et du lien. Toutes ces informations vont constituer en partie la conception de mon couple intérieur.

La peur de la vulnérabilité

ou quand je vois l'autre comme une menace

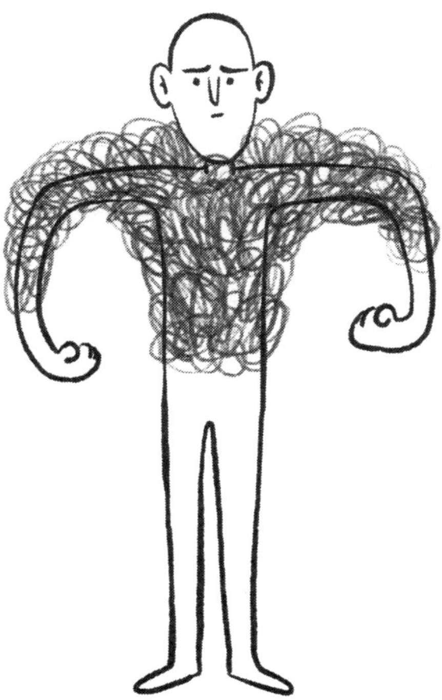

Beaucoup de filles me disent que c'est toujours au mec de faire le premier pas et de séduire la personne en face, que ce soit par message ou en réel. Cependant, je défends le droit de la femme et je suis pour une égalité complète entre nous. Et c'est là que mon manque de confiance en moi intervient. Je n'osais pas parler à une fille avant, mais aujourd'hui encore moins, car j'ai peur de sa réaction, peur de mal m'y prendre, peur de passer pour un homme qui force ou je ne sais quoi. J'ai aussi peur de finir seul, ou de ne pas au moins trouver quelqu'un dans ma vie. Ça peut paraître comme des problèmes stupides et sans importance, mais je suis persuadé que je ne suis pas le seul.

Message reçu sur Instagram

Le patriarcat est un petit garçon sans père qui a imposé son statut d'enfant-roi par peur d'être englouti par sa mère.

Dans un désir archaïque de compenser le pouvoir exclusif de la femme de donner la vie, l'homme s'est octroyé le pouvoir de mettre fin à la vie. Au fil des siècles, les femmes ont été essentialisées dans leur fonction de matrice et donc réduites à un corps sexué capable d'enfanter. Cette faculté de gestation a laissé aux hommes le temps – au moins neuf mois – de concevoir des outils et de s'approprier le feu. Très vite, les ustensiles indispensables à la chasse, aux transports, à la cueillette ou encore aux tâches domestiques deviendront des armes non plus pour tuer des animaux et nourrir le village, mais pour dominer d'autres êtres humains et conquérir des territoires. Alors que la maternité est le pouvoir naturel de la femme, l'arme devient le pouvoir artificiel de l'homme. Passant d'une épée à une armée, l'homme conquiert les territoires pour créer des États, puis un système politique, des religions, le mariage, puis s'approprie la philosophie, les arts, le travail, la médecine, le savoir, le commerce, la nature, la planète, l'espace… s'assurant bien de garder la femme dans sa fonction de matrice, contrôlant sa fertilité et donc sa sexualité, puis tous les autres champs d'activité dans lesquels il a imposé sa toute-puissance. Sur ce sujet, je ne peux que vous recommander les réflexions d'Ivan Jablonka dans son livre *Des hommes justes*. **Lorsqu'une femme trouve la résilience et se guérit d'une agression sexuelle, elle participe à la guérison de millions de femmes.** Mais tant qu'elle ne prend pas sa souffrance à bras-le-corps, elle continue de porter le poids de millions de femmes violentées.

Dans mon cabinet, deux tiers des femmes qui me consultent ont vécu un abus sexuel, parfois même dans des climats incestuels[1]. La plupart mettent plusieurs séances avant d'aborder le sujet, même si elles ont conscience que ce traumatisme a des répercussions sur leur vie actuelle. Certaines connaissent très bien l'histoire, les détails, la temporalité, les sensations. Pour d'autres, c'est un souvenir flou. Pour certaines, ça n'a pas eu lieu. Et pour quelques-unes enfin, c'est grâce à un rêve ou à une méditation que tout remonte à la surface. Ces moments de révélation me touchent, parce que ce processus de conscientisation et d'acceptation demande énormément de courage.

Le consentement n'a jamais été aussi important qu'aujourd'hui. Le slogan est simple : « Non, c'est non. » Les

1. Climat psychique et interactionnel qui porte l'empreinte de l'inceste sans qu'il y ait nécessairement de passage à l'acte génital (Paul-Claude Racamier).

limites sont claires. Mais derrière l'abus, il y a la notion de manipulation sournoise, jusqu'à la contrainte physique et la violence. C'est précisément dans cette zone grise qu'émergent les doutes en moi. À quel moment et quelles femmes ai-je moi-même manipulées à petite ou à grande échelle, pour avoir un rapport sexuel avec elle ? La séduction est une manipulation en soi, et notre société est fondée sur la transaction par la séduction et la performance. Une grande majorité des pratiques sexuelles, qu'elles soient classiques, tantriques ou échangistes, sont elles-mêmes fondées sur cette alternance entre domination et soumission, entre transaction et séduction. Prendre conscience que je manipule, quand, comment, avec qui et pourquoi est un cheminement indispensable si je veux améliorer mes relations. **Cette zone grise restera grise tant que nous nous laisserons manipuler par nos peurs.**

Imaginez quelques secondes un monde où chaque personne apprend à apprivoiser ses peurs sans les mettre dans la relation pour enfin se sentir libre d'exprimer spontanément ses désirs et de proposer ses conditions à l'autre. Jacques Salomé appelle cela *Le Courage d'être soi*. Tant que notre société sera bâtie sur la peur, les relations entre les hommes et les femmes seront conflictuelles. Se perpétuera alors la culpabilité d'être une femme, mais aussi la honte d'être un homme, avec comme trame de fond la peur d'exister et la peur de ne pas exister. S'il est nécessaire que toute victime ne se définisse pas par le fait d'avoir été abusée, il est aussi essentiel de mettre notre courage et notre responsabilité dans la connaissance de nous-mêmes, de nos mécanismes, de nos conditionnements, de nos enjeux personnels, de nos identifications et de nos attachements, de nos peurs, de nos besoins, de nos désirs, de nos sentiments. **Tout le monde parle de liberté, mais personne n'est libre.** L'inconscient est le cerveau qui dirige ce monde. Je vis dans un pays où il n'y a ni liberté, ni égalité, ni fraternité. Cette devise faisait sens dans un certain contexte et a donné beaucoup de courage à ceux et celles qui ont vécu à cette époque. Mais la réalité que j'observe aujourd'hui est différente. La plupart des gens n'ont pas envie d'être libres.

La *liberté* fait peur car elle implique le libre arbitre, donc le choix, donc le renoncement. La tristesse appartient aux émotions dites négatives – peu de personnes l'apprécient. Alors qu'elle est par excellence le sentiment qui révèle qu'il y a un deuil à faire, autrement dit un choix et un renoncement à la fois. Personne ne veut être triste parce que personne ne veut choisir. Pour le moment nous avons fait le choix de ne pas être libres.

L'*égalité* est aussi une illusion. Si le féminisme existe, c'est qu'il n'y a pas d'égalité. Si autant de femmes sont abusées, c'est qu'il n'y pas d'égalité. Si les hommes ont peur d'être vulnérables, c'est qu'il n'y pas d'égalité. L'égalité commencera quand l'individualité ne sera plus vue comme égoïste. Cette utopie est un voile qui nie les différences et les spécificités de chaque personne. En tant qu'êtres humains, nous sommes tous égaux et il est nécessaire que nos droits le soient aussi. Mais nous n'avons pas les mêmes besoins, la même histoire. Si, par exemple, certaines femmes ont besoin de quelques jours de repos car leurs règles sont trop douloureuses, il est important qu'elles puissent le demander. Mais le monde du travail est encore largement dominé par les hommes et, physiologiquement, ils ne peuvent pas comprendre. À l'inverse, en tant qu'homme, j'aimerais avoir un congé paternité aussi long que celui de ma femme, et ce quel que soit mon statut professionnel – même si je suis freelance, par exemple.

Quant à la *fraternité*, je dirais qu'on ne traite pas ses frères et sœurs comme ça. Lors des ateliers que j'anime autour de la peur, de la personnalité ou des conflits, je suis toujours époustouflé par le bain d'humanité qui se crée entre une vingtaine de participants qui ne se connaissent pas. Lorsque chaque individu se sent écouté et reconnu dans ses spécificités, que les masques tombent et que les peurs sont exprimées, la fraternité peut émerger. En deux jours, ces inconnus passent de la sensation d'être séparés et différents à la conviction d'être en lien et au même endroit. **J'ai trouvé ma verticalité quand j'ai accepté de m'allonger et de déposer mes armes.**

Un pas de plus vers l'amour

Pour prendre conscience de ma construction identitaire, je peux faire un tableau en notant, à gauche, toutes les grandes frustrations que j'ai ressenties dans mon enfance ; et, à droite, comment j'ai réagi à chacune de ces expériences de frustration. Dans un second temps, je peux approfondir ma réflexion sur mon présent et ce que je considère que l'autre, le monde extérieur me doivent, en précisant qui et quoi. Par exemple : « J'ai été frustré de l'absence de ma mère quand ma petite sœur est née. J'ai réagi en devenant agressif avec les petites filles à l'école. Aujourd'hui les femmes me doivent le respect. »

La peur de se séparer

ou quand je culpabilise de partir

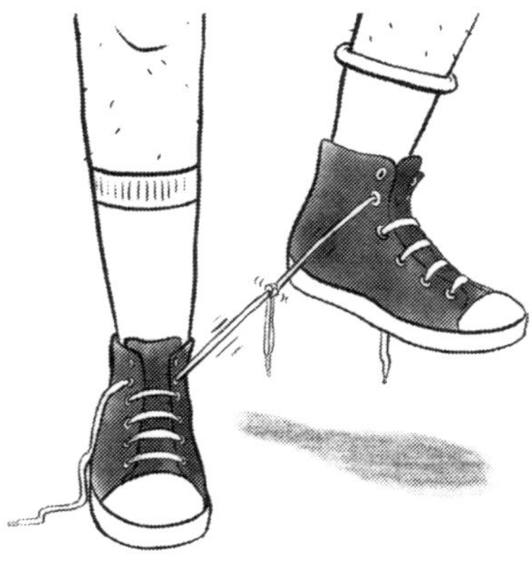

Aujourd'hui, j'ai peur que mon conjoint et moi ne fassions plus partie de la vie de l'un et de l'autre. Pourtant, je vois la rupture comme la seule issue à notre relation qu'on a piétinée chacun notre tour. On a piétiné les rêves qu'on avait semés l'un en l'autre… Je voulais qu'il soit l'homme de ma vie, il ne sera sans doute que l'homme d'une vie. Peur des adieux, du lâcher-prise, de retomber dans les mêmes schémas (aimer = souffrir), peur de grandir…

Message reçu sur Instagram

On ne quitte pas une relation
ni quelqu'un.
On quitte la personne qu'on est devenue
dans cette relation.

S'il y a de multiples raisons de se mettre en couple, il reste un facteur commun qui nous motive inconsciemment : aller à sa propre rencontre en se découvrant à travers l'autre. Nous sommes en perpétuelle évolution, et l'une des plus grandes difficultés sera de concilier ses mouvements personnels au sein de son couple lui-même en mouvement. Il est question de s'ajuster de soi à soi, et de soi à l'autre. D'observer l'influence mutuelle sur nos changements intérieurs. C'est à mon sens l'un des plus grands challenges de toute relation amoureuse.

On confond souvent aussi l'amour et la relation : il ne suffit pas pour qu'elle fonctionne. Il est le fruit des retrouvailles des parts de soi oubliées et de la rencontre des parts de l'autre encore ignorées. Plus je saisis l'occasion de me connaître dans ce que mon ou ma partenaire me renvoie et m'apprend de moi, plus je développe mon empathie et donc ma capacité à prendre soin de moi, de l'autre et de la relation. Et plus je la nourris, plus je crée de l'espace pour que l'amour circule entre nous. L'amour est ce lieu sécurisant où je suis libre d'être moi et où tu es libre d'être toi. Mais **il arrive parfois que nos évolutions intérieures nous amènent à prendre des directions différentes, voire opposées. Le couple devient alors un espace hostile puisqu'il ne me permet plus d'être moi-même et en sécurité.**

J'ai toujours eu beaucoup de difficultés à quitter mes partenaires, même lorsque je n'étais plus heureux. J'avais toujours peur de perdre quelque chose, de me tromper ou de souffrir encore plus que dans cette relation qui n'en était déjà plus une. Il y a des millions de raisons de vouloir se séparer dès lors que nous nous mettons à réfléchir avec notre tête plutôt que d'écouter notre cœur. Je me suis souvent retrouvé à peser le pour et le contre, à comparer les femmes entre elles, à évaluer celle que je voulais quitter, à identifier tout ce qui ne me plaisait plus, et à trouver les preuves qui allaient justifier la rupture. Je faisais tout sauf me regarder en face, les yeux dans les yeux. J'évitais à tout prix de me remettre en question, de voir ce que j'avais abandonné dans ma propre vie, de pointer du doigt là où j'avais merdé vis-à-vis de moi-même.

Voilà ce que j'entends lorsque deux personnes rompent : « On n'est plus en phase, on n'a pas les mêmes envies, les mêmes projets, on n'a plus de désir ensemble, on ne fait plus l'amour, on n'est plus heureux… » Le « on » qui inclut l'autre nous déresponsabilise et dissimule nos propres besoins. Quitter la relation, c'est quitter la personne que je suis devenue dans ce couple. C'est de là que vient la sensation de ne plus être sur la même longueur d'onde. Je peux alors décider de cheminer un temps seul pour retrouver ces parties de moi oubliées. Je peux aussi tenter de me réinventer dans mon couple en exprimant les facettes mises de côté pour voir si elles ont leur place dans cette histoire.

Si la relation bat de l'aile et que je ne me reconnais plus dans celle-ci, quelle est ma part de responsabilité ? Pourquoi n'ai-je pas tout fait pour m'épanouir, moi, en priorité ? Pourquoi ai-je attendu que ça ne fonctionne plus pour reprendre le pouvoir sur mon propre projet de vie ? En questionnant ma responsabilité, l'idée n'est pas de me culpabiliser, mais bien d'identifier la part de moi qui a choisi de vivre la relation de cette façon. Qu'ai-je voulu voir et me montrer de moi ? Si je quitte la personne que je suis devenue dans cette relation, il y a fort à parier que c'est cette même personne qui choisira son prochain partenaire. Quand je me sépare de quelqu'un, je me sépare aussi d'une partie de moi. La vie est si bien faite qu'elle nous montre régulièrement comme il peut être vain et douloureux d'éviter d'être soi-même. **La créativité, c'est de pouvoir vivre plusieurs couples avec le même partenaire. L'amour est la conséquence de ce que je mets de moi dans la relation.**

Et si toutefois la complicité s'est estompée, si le lien s'est dévitalisé et qu'aucune autre solution que la séparation n'est envisageable, alors il me sera nécessaire de prendre conscience à mon rythme de ce que j'ai quitté de moi et des parts de moi que je désire réanimer.

Un pas de plus vers l'amour

Pour maintenir la créativité et une bonne qualité de relation, que je sois en couple ou en train de me séparer, je peux faire « l'exercice de l'interview ». Le principe est de créer à deux un espace cadré pour exprimer tout ce que je ressens et être en écoute active de tout ce que l'autre exprime. Les règles du jeu sont simples mais les mettre en application est parfois difficile.

En face à face, je définis qui commence à s'exprimer. Puis je demande à l'autre s'il préfère d'abord entendre ce que j'apprécie ou n'apprécie pas chez lui, ou dans la relation. Une fois les conditions posées, le premier s'exprime en commençant toujours ses phrases par « j'apprécie » ou « je n'apprécie pas », sans explication ni justification. L'autre écoute sans commenter ni répondre. Une fois que celui qui parle a tout dit, l'autre lui demande si tout a été dit et, si c'est le cas, remercie celui qui s'est exprimé. Puis les rôles sont inversés. C'est un exercice puissant pour nettoyer le canal de la relation.

La peur de lâcher prise

ou quand je refuse la prise de risque

Bonjour, je me demande comment il est possible de lâcher prise. J'ai peur d'aimer, de tomber amoureuse. J'ai peur de pouvoir me reposer sur quelqu'un parce que j'ai peur qu'on me blesse et que mes émotions dépendent d'une personne. J'ai peur de souffrir et pourtant je m'attache quand même à la personne. Comment faire pour se laisser aller à aimer ? Ne plus avoir peur de tout ça ?

Message reçu sur Instagram

La confiance en soi est un acte de foi en l'inconnu. Aimer, par essence, c'est lâcher prise.

Plus je m'accroche au désir de lâcher prise, moins je lâche prise. L'énergie va là où je porte mon attention. Les experts en ésotérisme appellent ça la « loi d'attraction », les spécialistes de la programmation neurolinguistique, l'« ancrage » ; pour les psychanalystes, il s'agit de « pulsion de vie » et, pour les philosophes, de « quête de vérité ». Les sociologues parleront d'« instinct grégaire de survie », et les traditions orientales de « connexion au Soi, au grand tout, à la source ». Peu importe ma religion et mes croyances, la seule pensée qui agit sur ma vie est celle à laquelle je crois, celle que je choisis comme ma réalité, elle-même étant le fruit de milliers d'années de croyances.

J'aime beaucoup cette idée que Franck Lopvet répète souvent dans ses « Causeries » sur Youtube : « La vie ne veut rien pour moi, et il n'y a pas de dieu au-dessus de moi qui distribue des bons points et des mauvais points en fonction de mon comportement. » **Quand je cherche l'amour, c'est exactement ce que je fais : je cherche.** J'imagine que vous avez déjà pu observer ce phénomène étrange et assez agaçant : vous cherchez à tout prix un mec ou une nana, vous êtes sur toutes les applis de rencontres, vos potes vous présentent leurs potes célibataires, vous dites « oui » à toutes les soirées et, pourtant, il n'y a pas une personne avec qui il y a un vrai bon feeling, cette complicité, ce petit truc qui fait basculer la relation cordiale vers la connexion. Vous vous dites que vous allez finir seul, ou par acheter un chat. Après des mois de recherches intensives, de manque affectif et physique, vous commencez à lâcher l'affaire. Vous vous remettez à lire, dessiner, écouter des podcasts, faire du sport, aller à des expos, la plupart du temps seul. Souvent, à ce moment-là, il se met à faire beau, vous profitez de chaque rayon de soleil à la fenêtre ou en terrasse, vous souriez dans la rue en marchant avec votre musique préférée dans les oreilles. Vous réalisez que certaines personnes vous renvoient votre sourire. Votre boulanger, d'abord, puis un petit vieux ou une petite dame que vous n'aviez pas forcément remarqués et pour qui vous développez un peu de sympathie. Vous sortez de la boulangerie et vous croisez une personne de votre quartier que vous trouviez distante mais qui cette fois vous regarde comme si elle vous reconnaissait. Au boulot, certains de vos collègues vous complimentent. Vous finissez votre journée et vous sortez boire un verre avec vos amis. Sur la route, vous croisez des regards ; certains vous plaisent. On vous sourit et vous vous sentez à nouveau désiré. Vous le remarquez mais passez votre chemin, vous êtes bien dans vos pompes et vous profitez de vos amis. Un beau jour, vous rencontrez quelqu'un qui vous plaît, et à qui vous plaisez. Vous commencez une relation, vous êtes bien ensemble. Et c'est à partir du moment où vous n'êtes plus disponible que cet homme que vous ne connaissez pas veut vous offrir un verre, que cette femme que vous regardiez avec insistance à la salle de sport vient enfin vous parler, que vos ex vous recontactent. Vous étiez en manque d'amour, et vous avez fini par devenir l'amour.

Les humains prennent très peu en considération leur instinct et leur intuition. En réalité, nous sentons tout, mais nous ne sommes pas à l'écoute. Nous percevons quand quelqu'un ne va pas bien, quand une personne se sent seule et qu'elle le vit mal. Et naturellement, nous sommes attirés par ce qui nous semble agréable. **Quand je cherche l'amour, je crée trois réalités simultanées :**

— la première est « je ne suis pas amour, je manque d'amour, je refuse l'amour ». Cela se manifeste par exemple lorsque j'ai des difficultés à recevoir un compliment, un cadeau ou tout simplement l'amour de l'autre, ou encore si je n'aime pas certaines de mes facettes comme l'égoïste, la manipulatrice, l'angoissée, la perverse… ;

— la deuxième réalité est que j'ordonne à tout mon être – mes pensées, mes émotions, mes comportements – de chercher l'amour au lieu d'en faire l'expérience dans mon présent, parce que j'en suis vide ; or, paradoxalement, en tendant vers l'amour, je crée ce vide, cet espace entre là où je me trouve et là où je veux aller ;
— la troisième réalité est que ce vide est rempli de mes attentes qui prennent la place de l'amour.

Lâcher prise, c'est accepter à la fois l'entière responsabilité que j'ai sur ma vie, mais aussi que ce n'est pas moi qui décide de ce qui va se passer ou non. **Je peux avoir une grande maîtrise de ce que je pense, de ce que je ressens et de ce que je fais. Mais je n'ai aucun contrôle sur la forme que va prendre mon accomplissement et l'amour qui en découlera ou pas.**

Un pas de plus vers l'amour

Notre cerveau est un ordinateur à la fois très performant et très feignant. Lorsque je lui ordonne de faire quelque chose, il le comprend et s'active. Mais lorsque je lui ordonne de NE PAS faire quelque chose, il ne traduit pas la négation. Pour lui, c'est un non-ordre. Si je tente de ne pas penser à un mouton, je pense automatiquement à… un mouton ! C'est pourquoi je peux installer comme nouvelle habitude de formuler de manière positive ce que je veux, plutôt que d'exprimer ce que je ne veux pas. Les verbes comme arrêter, stopper, essayer et bien d'autres sont aussi des non-ordres. Finalement, pour lâcher prise sur quelque chose, il est préférable que je me concentre sur ce que je veux ou veux faire à la place de ce à quoi je m'accroche. Nous ne pouvons pas être à deux endroits en même temps. Si je suis occupé à faire ce qui me plaît, je ne serai plus occupé à faire ce qui ne me plaît pas.

La peur d'oublier

ou quand je m'accroche au passé

J'ai peur de ne pas réussir à me laisser vivre, de me priver de rencontres magiques simplement parce que je suis restée bloquée dans une période de ma vie pourtant bien terminée, qui était si douce que je suis incapable de la laisser filer. Alors que tout me crie de me détacher, de fuir cet environnement maintenant toxique et de vivre à nouveau.

Message reçu sur Instagram

Faire le deuil, ce n'est pas oublier, c'est garder le meilleur.

Il est parfois difficile de lâcher prise ou de laisser passer une relation ou un état qui nous ont marqués de façon positive et auxquels nous avons associé un sentiment de bien-être, de plénitude, d'équilibre ou simplement de joie. Nous avons imprimé en nous que cette expérience, la personne avec qui nous l'avons partagée et le positif que nous en avons retiré sont indissociables. **C'est pourquoi lâcher ce lien, alors même qu'il n'existe plus, peut paraître insurmontable : cela serait synonyme d'abandonner ce bien-être.** Et cela représente un grand frein à notre propre épanouissement.

Cela nous montre, entre autres, que l'être humain tend naturellement vers ce qui est bon pour lui selon le contexte et surtout, parfois, malgré les apparences négatives. Si vivre pleinement sa tristesse est nécessaire, c'est parce qu'elle a une fonction bien particulière : elle nous indique un besoin profond de renoncement et nous permet de faire à nouveau l'expérience du libre arbitre et donc du choix. L'adage « choisir, c'est renoncer » illustre parfaitement la fonction de la tristesse. Aucun changement dans nos vies n'échappe au processus de deuil.

J'ai longtemps cru qu'avoir une carrière artistique, dans la musique me concernant, impliquait d'être un artiste avec ses chansons à défendre sur scène devant un public. J'avais ce doux rêve auquel je m'accrochais d'avoir un groupe dont je serais le leader, comme mes idoles. Pendant dix ans, j'ai écrit et composé des tas de chansons, formé plusieurs groupes jusqu'à ce que l'un d'eux commence à avoir un peu d'attention de la part des médias. Je me souviens des répétitions et de concerts aussi jouissifs que douloureux, tant j'étais tiraillé entre mon désir de reconnaissance et celui de me sentir totalement mal à l'aise. J'explosais de joie à chaque petite ligne sur nous dans un blog, à chaque nouveau *follower*, à chaque demande d'interview. Et puis le principe de réalité nous a rattrapés. Le projet ne nous rapportait pas d'argent et nous en faisait dépenser beaucoup, sans parler de ce que cela représentait en temps et en énergie. Chacun a alors fait le choix d'une autre vie, et le groupe s'est dissous lentement. Mon rêve avait duré dix merveilleuses années.

Après quelque temps dans la publicité, j'ai fait de nouvelles rencontres artistiques. J'avais encore un goût amer dans la bouche et je jalousais certains groupes qui avaient commencé en même temps que nous, et qui marchaient mieux. Malgré tout, je découvrais d'autres métiers dans la musique. Je m'y suis intéressé : j'ai joué pour d'autres et finalement, j'ai réalisé les albums de plusieurs artistes. Je lâchais petit à petit mon rêve de gosse et, parallèlement, je gagnais de plus en plus d'argent en étant au service des autres. J'ai fini par recevoir des récompenses, des prix de meilleur compositeur de l'année, des disques de platine, et surtout la sensation d'être à ma place. J'ai réalisé à quel point pendant de longues années, j'étais persuadé – à raison – que je devais bosser dans la musique, mais que je n'étais pas à la place qui me convenait. Je n'ai jamais pris autant de plaisir que depuis que j'ai fait le deuil de ma carrière d'artiste sur le devant de la scène.

Mon point de repère aujourd'hui est simple : « Est-ce que je prends du plaisir dans ce que je fais et dans ce que je vis ? » Qu'il s'agisse du travail, du lieu de vie, des relations ou de tout autre aspect de nos vies, il est parfois salvateur d'observer la réalité présente de ce qui nous arrive. Nous donnons l'impulsion aux expériences pour qu'elles se réalisent mais quelque chose de beaucoup plus grand que nous « décide » aussi, notamment du résultat – que j'appelle la Réalité. S'accrocher à une histoire passée est ce qui nourrit nos souffrances. Nous refusons le changement alors même que la Réalité a déjà évolué. La mélancolie et la nostalgie, qui engendrent parfois de la tristesse, peuvent être bénéfiques pourvu qu'on ne rattache pas l'émotion positive vécue aux personnes et au contexte de l'époque. Car ce serait encore croire que l'épanouissement est extérieur à nous. **Faire le deuil d'une histoire qui n'est plus ne repose pas sur l'oubli de ce sentiment positif, mais au contraire sur le fait de nous mettre en condition pour le retrouver et choisir de le nourrir à nouveau.** Car si je n'ai pas refermé ce dossier, même si une superbe relation se présente à moi, je ne serai pas capable de la voir, ni de l'accueillir et de la vivre. Nous débutons toujours une histoire à partir de là où nous nous sommes arrêtés dans la précédente. Si le deuil n'est pas fait, c'est inconsciemment une histoire à trois qui débute avec notre nouveau partenaire. Pour faire son deuil, il est nécessaire de dissocier les événements passés et le sentiment de bien-être, qui lui ne dépend pas de l'extérieur, mais de ma capacité à accéder à cette émotion. La résilience, c'est changer l'histoire que je me raconte sur ma propre histoire. Et c'est parce que je suis capable d'accéder à un sentiment de bien-être intérieur que je suis capable de vivre une relation enrichissante avec l'autre.

Un pas de plus vers l'amour

Voici les 7 étapes communes du processus de deuil pour m'aider à repérer la phase que je suis en train de traverser.

1 – Le choc de l'événement, de quelque chose qui prend fin de manière concrète.
2 – Le déni, c'est-à-dire le refus de voir, de croire ou de recevoir l'information.
3 – La colère et la négociation, la phase de lutte lorsque je rencontre la Réalité.
4 – La tristesse, lorsque je vis intensément la perte ou la fin.
5 – La résignation, lorsque j'abandonne toute lutte.
6 – L'acceptation, lorsque je commence à intégrer l'information et qu'elle fait partie de ma réalité.
7 – La reconstruction, lorsque je fais de nouveaux choix pour me réorganiser avec cette réalité.

La peur de changer

ou quand je renonce à la nouveauté

Je viens à mon tour parler de ma peur. J'ai passé un deuil, je m'en suis sortie cette année à force de m'écouter, de me recentrer sur moi. Mais depuis quelque temps, à force de porter les autres, d'écouter l'avis des uns et des autres et d'être courageuse, forte, j'ai explosé. Je dois faire face depuis quelques jours à un voile qui se dresse entre moi et la réalité. Tout me paraît irréel. Tous les jours, je me lève avec une angoisse qui se loge dans mon ventre. Est-ce que ça va recommencer ? Ah bah oui, ça recommence, puisque je ne fais rien que d'y penser. Je sais qu'il faut positiver, mais est-ce que cet état va s'évanouir ou non ? Je ne sais pas si c'est clair mais je me suis lancée. Merci.

Message reçu sur Instagram

**On préfère la sécurité
de notre confort plutôt que l'inconfort
de la nouveauté.
La perfection de nos certitudes
plutôt que la surprenante
imperfection de la vie.**

Qu'est-ce que l'angoisse, sinon un passé toujours présent ? Qu'est-ce que la souffrance, sinon la lutte entre le réel, bloc insaisissable, et notre propre réalité, somme de nos perceptions subjectives ? L'existence a ceci d'angoissant qu'elle n'est pas linéaire, pas rassurante, pas définie, et nous donne pourtant souvent le sentiment qu'elle se répète, qu'elle se reproduit insidieusement. C'est bien « ce passé qui ne passe pas », comme le dit si joliment la psychanalyste et philosophe Anne Dufourmantelle, qui hante toutes nos tentatives d'avancer, de changer, de créer et de nous renouveler. Et notre corps, qui ne cesse pourtant de vieillir, est le creuset de la mémoire de notre passé. Nous nous trouvons ballottés entre ce qui n'est plus mais qui perdure, et ce qui n'est pas encore, retenus par les ancres de notre histoire. Ces balises qui jalonnent notre construction sont pour la plupart gelées, figées à l'instant T où elles sont apparues, invisibles et silencieuses. Inaptes à les débusquer au moment du choc trop brutal et insupportable, nous les avons mises de côté, comme on mettrait la poussière sous le tapis pour pouvoir continuer à profiter du salon. Et c'est seulement lorsque nous décidons de changer la table basse que nous réalisons l'existence de toute cette poussière sous la surface.

J'ai fait de nombreuses crises d'angoisse entre 20 et 28 ans. Comme pour beaucoup de personnes, ces crises apparaissaient à des moments qui me semblaient tout à fait anodins, et surtout de manière aléatoire. Je ne trouvais pas de systématisme, pas de raison apparente sur l'instant qui me donnerait une éventuelle explication de l'enfer que je vivais. J'avais du mal à manger en public, de grands moments de perdition dans les transports en commun desquels il fallait que je sorte le plus vite possible. Les symptômes étaient toujours les mêmes : la sensation de me couper subitement de l'extérieur et d'être enfermé à l'intérieur de moi-même, des sueurs froides, les mains moites, le cœur qui s'accélère et une perte d'énergie violente, proche du malaise. **Je ne comprenais pas ce que mon corps cherchait à me dire. D'ailleurs, je n'avais même pas conscience que mon corps me disait quelque chose. À l'époque, je voulais juste arrêter de souffrir en silence.**

À force d'étudier comment fonctionnent la psyché, l'énergie et le concept de santé, une conclusion simple est apparue : toutes mes pensées négatives de dévalorisation, de peur ou de jugement s'accumulaient de manière invisible jusqu'à se manifester dans mon organisme pour me rappeler que je m'étais coupé de lui. Le tas de poussière était bien là. Nos cellules, nos muscles, nos os, nos organes, nos bras et nos jambes constituent notre véhicule privilégié pour exister, nous incarner et nous déplacer dans le monde. Ce grand ensemble intelligent de chair et de vie nous ramène irrémédiablement au présent, à ce qui est ici et maintenant. Mais il nous ramène aussi très souvent à la présence de notre passé. Laisser ce corps à des pensées toxiques rend nos vies infernales. Si une situation désagréable recommence perpétuellement, c'est que je suis resté attaché à des miasmes passés, à des émotions liées à des événements qui ne sont plus. C'est comme si j'avais laissé un bout de moi dans cette histoire qui me fait souffrir. Et cette part-là de mon être est comme un boulet auquel je reste enchaîné, parfois par peur de lâcher ce qui n'est plus, parfois parce qu'il m'est impossible de me le représenter.

Changer demande un immense courage car cela implique de renoncer à une forme de sécurité. Tantôt celle qui m'évite le pire, tantôt celle qui m'emprisonne dans mon histoire. Il arrive un jour où traverser le brouillard de nos angoisses nous oblige à lever l'ancre (malheureusement, ce jour n'arrive parfois jamais). Ce voile, qui à la fois nous sépare de nous-mêmes et nous ramène irrémédiablement à nous-mêmes, est ce sur quoi nous pouvons prendre appui pour changer et peut-être guérir. L'angoisse est une souffrance tant qu'elle n'est pas perçue comme l'appel à la nécessité de changer. C'est choisir l'inconfort de passer de la certitude de notre conditionnement à l'incertitude de la vie. Nous ne pouvons jamais savoir ce qui va se passer à l'avance. Mais nous pouvons nous libérer de ce qui nous retient en arrière. **Changer, c'est avoir le courage de réécrire son passé.**

Un pas de plus vers l'amour

Pour me nettoyer quotidiennement de mes pensées toxiques (peurs, dévalorisation, jugements négatifs de moi-même ou des autres…), je peux, à la fin de ma journée, écrire à la main sur une feuille blanche celles qui m'ont traversé l'esprit du matin au soir, les lire à haute voix, et brûler la feuille. S'il reste des bouts qui ne sont pas brûlés, je peux observer les mots qui ont résisté, puis les brûler totalement. Au fur et à mesure de cette pratique, certaines pensées n'apparaîtront plus, d'autres reviendront, jusqu'à ce que j'aie accepté de m'en débarrasser complètement.

La peur de n'être personne

ou quand je me fantasme autrement

Aujourd'hui, j'ai peur. Peur de la personne que je m'empêche d'être, peur de la solitude que je m'inflige. J'ai longtemps cru que si j'étais seule c'est parce que je n'étais pas assez bien. Assez bien pour ce que la société attendait de moi. Mais j'ai compris que la société est bien plus ouverte qu'on ne le pense et que, trop souvent, nous sommes grandement responsables de ce qu'elle nous inflige. Je sais maintenant que ce n'est pas moi qui ne plais pas, mais moi qui ne ME plais pas. Et j'ai peur que ce désamour que je ressens envers moi soit le frein à l'amour que l'on me porte. Aujourd'hui, j'ai peur d'être la seule responsable de mon malheur.

Message reçu sur Instagram

Il y a deux types d'actions :
— celles que je fais pour devenir quelqu'un ;
— celles que je fais pour exprimer qui je suis.

La plus grande peur de l'humain est la peur de la mort. Non pas notre mort physique, mais la mort de notre identité, de l'image que nous avons de nous-mêmes. Autrement dit, la crainte de n'être personne. Cela engendre inévitablement la quête viscérale et le besoin de devenir quelqu'un. La peur de n'être personne est bien plus terrifiante que celle de la mort physique, car nous continuons à être vivants. Après tout, à quoi bon être là, vivant sur cette planète, si c'est pour ne pas être utile, ne servir à rien, ne pas avoir d'impact sur le monde, ne pas être important, ne pas avoir de personnalité ou de singularité ? Finalement, être comme tout le monde, et donc n'être personne…?

Avec ce type de conversation intérieure, nous nous mettons à rêver d'une autre vie, à fantasmer sur une autre personne que nous-mêmes, à nous imaginer autrement que ce que nous sommes. Et c'est précisément à partir de ce moment que nous commençons à souffrir de qui nous sommes et à faire l'expérience du désamour de nous-mêmes. Nous nous mettons à vouloir réussir notre vie – comme s'il était possible de la rater –, jusqu'à vouloir gagner notre vie, avec en réalité très peu d'éléments pour définir cette fameuse réussite, ce bonheur, cet absolu. Plus d'amour ? Plus d'argent ? Plus de travail ? Plus de spiritualité ? Plus de succès ? En quelques secondes, nous nous créons un fantasme, persuadés qu'avec plus de ceci ou de cela, notre vie sera meilleure, nous serons plus heureux. Nous nous mettons à croire que notre accomplissement repose sur l'obtention de telle ou telle chose : des connaissances, des bonnes notes, des diplômes, des compétences, des relations, un travail, une augmentation, une passion, une maison, une voiture, des amis, une femme, un mari, des enfants, des vêtements, des bijoux… Avoir tout ça devient un but afin de pouvoir agir dans le monde selon nos convictions et nos désirs, pour éventuellement enfin exister et être nous-mêmes.

À force d'accumuler, nous créons une séparation entre un faux moi et un vrai moi, celui du présent et celui que nous imaginons. Cela suscite beaucoup de souffrance, et un sentiment d'échec existentiel qui s'installe dans notre quotidien. Le stress généré augmente progressivement car tant que je n'ai pas, je ne peux pas être moi. Ma vie n'est pas ma vie. J'ai souvent entendu autour de moi des phrases comme : « Non mais ça, ce n'est pas vraiment moi », « J'ai l'impression de ne pas être vivant, de ne pas vivre ma vie », « Je vaux plus que ça », « Je mérite plus que ça », « Je ne veux pas rater ma vie », « Quand j'aurai ça, je pourrai faire ça et du coup être enfin moi, heureux en amour, épanoui, libre »… **En l'espace d'un instant, d'une pensée fantasmatique, nous nous créons un faux moi avec de faux objectifs, de faux problèmes et de fausses solutions.** Bien sûr, notre souffrance, nos frustrations, notre colère, notre tristesse et nos attentes sont bien réelles. Mais elles sont souvent bercées par une illusion : celle de devoir être quelqu'un d'autre.

Comme j'aurais voulu que mes parents, mes professeurs, mes formateurs, mes supérieurs, tout modèle et toute figure d'autorité me disent que je suis assez tel que je suis, que je suis légitime par essence, que j'ai déjà réussi ma vie en étant simplement vivant, qu'il n'y a pas à gagner sa vie mais à la vivre, que c'est OK de pleurer, d'être en colère, de tomber, de se tromper. C'est bien parce que nous avons été éduqués à avoir, à posséder, à obtenir pour agir, faire, et à entreprendre que nous ne savons plus qui nous sommes, épuisés de tant d'années d'accumulation de tout ce qui est extérieur à nous. Pendant trente-cinq ans, je me suis adapté aux injonctions des adultes, de ceux qui savent, et j'ai tenté de répondre aux besoins des autres. Je me suis construit dans un désir inconscient de plaire à tout le monde, par peur d'être rejeté, exclu et anormal. J'ai contenté les désirs de mes proches autant que ceux d'illustres inconnus, des meilleures notes de la classe aux contrats à durée indéterminée.

J'ai donné jusqu'à l'épuisement à des femmes alors qu'une partie de moi niée était en train de se noyer. Je prétendais chercher la femme idéale. En réalité, je m'efforçais de trouver la belle-fille parfaite pour ma mère. J'affirmais choisir le confort du salaire. En réalité, j'attendais la reconnaissance de mes patrons. Je prétendais être libre. En réalité, j'étais dépendant du regard de l'autre. J'avais la panoplie – le salaire, l'appartement, la moto, la passion, le succès même, parfois, et les fringues qui vont avec – pour pouvoir réussir à séduire, à plaire, à vivre une relation et peut-être à connaître l'amour, sans avoir aucune idée de qui j'étais ni de ce que je désirais profondément. J'ai dû lâcher le fantasme de moi-même et accepter de me regarder tel que j'étais à cet instant.

Aujourd'hui, j'ai envie de croire que la connaissance et l'expression de soi sont essentielles à notre épanouissement. Savoir qui je suis, ce qui me met en mouvement, me fait me sentir en vie, pour pouvoir créer à partir de là et recevoir totalement ce qui s'offre à moi sans attentes. Nous avons appris à avancer à contresens, et nous passons notre existence à chercher des béquilles pour marcher droit et rester debout. Les changements n'auront lieu que si nous acceptons de voir les bouées de sauvetage qui nous aident à survivre, pour apprendre à nous dresser et à commencer à vivre.

Nous ne sommes pas ce que nous avons, ni ce que nous pensons, ni ce que nous ressentons. Nous sommes. Et c'est largement suffisant.

Un pas de plus vers l'amour

Pour passer de :
avoir > agir > être
à
être > créer > recevoir,
je peux identifier les choses que j'ai eu besoin d'accumuler, de posséder ou d'obtenir dans ma vie pour me donner la sensation d'exister et d'être aimé. Je regarde ensuite ma liste et me demande pour chaque idée : « Est-ce que j'existe ou est-ce que je m'aime sans mon métier, mon appartement, mon partenaire, ma place dans la famille, mon portable, mon physique... ? » Chaque fois que c'est OUI, je barre l'élément. Lorsque c'est NON, je le laisse, et recommence l'exercice jusqu'à ce que tous soient barrés. J'ai toute ma vie pour le faire.

La peur de ne pas être choisi·e

ou quand je désire être désiré·e

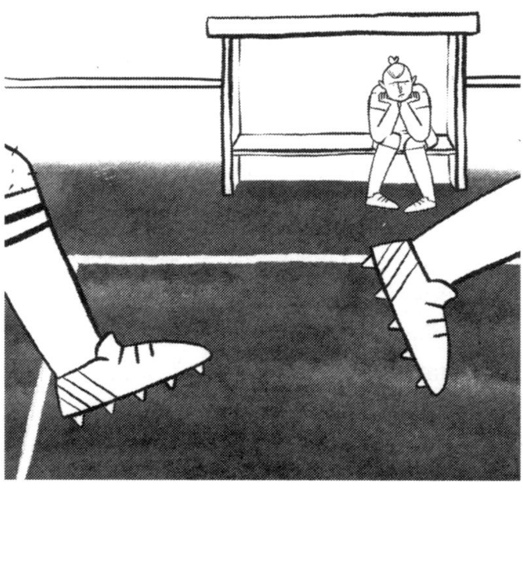

Je suis en couple depuis environ trois ans et j'ai peur du passé amoureux de la personne avec qui je suis. Plus particulièrement, j'ai peur de son premier amour. La personne avec qui il a fait ses premières expériences sentimentales, sexuelles, amoureuses. Son premier (et seul ?) chagrin d'amour. J'ai peur qu'il ait des regrets. J'ai peur qu'il pense toujours à elle (ils sont toujours en contact amicalement, assez régulièrement), j'ai peur qu'il pense que c'était la bonne et que depuis, « c'est plus pareil », « c'est moins bien » ou ce n'est plus aussi intense. J'ai peur de penser qu'il ne l'aurait jamais quittée si elle ne l'avait pas fait. J'ai peur qu'il ne soit plus autant heureux avec moi, qu'il se demande éternellement comment ça aurait pu être avec elle... J'ai peur qu'il ait eu des certitudes avec elle, moins puissantes avec les autres qui ont suivi, moins fortes avec moi. J'ai peur d'être un choix par dépit. Ces pensées sont irrationnelles mais elles sont obsédantes et je n'arrive pas à m'en débarrasser. Et si un jour elle revient ? Si elle veut le récupérer ? Et si un jour on se marie, on a des enfants et elle revient ? Tout ça s'est passé il y a plusieurs années, il a vécu d'autres relations ensuite, mais seule la première m'obsède.

Message reçu sur Instagram

On se rencontre quand on est prêts à se regarder.

La relation amoureuse est un jeu d'équilibre permanent entre désir et sécurité, confort et aventure, certitude et surprise, fusion et individuation. Dans cet espace de va-et-vient sans filet, la rencontre est avant tout celle que l'on fait avec soi-même. La relation amoureuse est un terreau où s'expriment nos failles, nos blessures, nos peurs et nos stratégies de défense.

Nous avons tous, durant notre enfance, manqué de liens d'attachement auprès de nos figures parentales, et de sécurité extérieure, à de multiples moments. Le fait même d'être accouché au monde et de quitter la symbiose maternelle est un traumatisme en soi. Les contextes de la conception, de la gestation et de la naissance conditionnent déjà largement la construction de notre personnalité, de nos manques, aussi bien que l'accès à nos ressources. Tout au long de notre développement biologique et psychologique, nous créons des relations qui se font et se défont, alternant entre des attachements sécurisants et des ruptures de liens angoissantes. En pleine croissance, la moindre absence de l'autre a pu être vécue comme une éternité pour le petit enfant que nous étions. Ce sont alors d'innombrables deuils que nous avons dû traverser, tiraillés entre l'espoir d'un retour potentiel du parent et la résignation à supporter la douleur du vide.

Dans nos relations, et par pure nécessité, nous projetons inconsciemment les croyances et les moyens mis en œuvre nés de ces événements traumatiques. La toxicité relationnelle, et donc l'opportunité sous-jacente d'évolution du couple, prend forme dans la collision des convictions et des désirs différents des partenaires. C'est pourquoi nous sommes nombreux à croire, telles des vérités, que l'autre doit deviner mes besoins et y répondre, que l'amour devrait suffire à nourrir la relation, que les difficultés dans un couple sont les signes qu'il faut rompre, que LA bonne personne existe, ou encore qu'avec elle tout devrait être simple et passionné.

Nous avons construit une société qui mélange un peu tout et qui se cherche encore en matière de relation : l'amour, l'attachement, la passion, le couple, le sexe, l'amitié, le lien, la connexion, l'affection… Et pour cause, nous n'avons reçu que très peu d'informations et d'éducation à ce sujet. Nos parents ont fait ce qu'ils ont pu avec leurs propres connaissances et expériences, nos professeurs tentent de suivre un programme destiné à convenir à une grande majorité d'élèves ; notre culture continue de contribuer largement à une vision romantique de l'amour, et la pornographie exacerbe les contours d'une sexualité patriarcale où la domination des hommes et la soumission des femmes sont les principales représentations. Sans compter l'héritage de l'histoire de l'humanité, les mythes, l'inconscient collectif et ses archétypes, les névroses transgénérationnelles, les dogmes religieux et évidemment nos croyances. En matière d'intelligence relationnelle, de connaissance de soi et de conscience collective, les chemins vers une définition de l'amour sont plus que jamais en cours, accélérés par les nouvelles technologies et l'ultra-communication.

J'ai rarement été célibataire, tout du moins le temps entre deux relations n'a jamais duré plus de six mois. J'ai alterné entre de longues histoires et des périodes où je multipliais les rencontres. Je remplissais chaque espace de mon agenda pour être certain de ne pas rester seul chez moi. Durant ces années d'expérimentations, je me suis fait très peu de place sans m'en rendre compte. Je pensais être libre, indépendant, et plutôt à l'aise aussi bien avec la notion de couple et d'engagement qu'avec des phases intensives de papillonnage. **J'étais persuadé d'avoir tout sous contrôle. En réalité, la seule chose que je contrôlais était ma peur du vide, de m'ennuyer et d'être seul.** Toutes les parades étaient bonnes, jusqu'à ce que ce fonctionnement devienne vraiment toxique pour moi-même. J'avais autant de difficultés à m'engager avec quelqu'un qu'à quitter quelqu'un. Alors je restais malgré moi, ou je flirtais malgré moi. Je ne pouvais plus m'éviter ni nier mes désirs profonds.

La quête amoureuse est, malgré nous, très souvent motivée par la recherche d'un palliatif à nos blessures. Nous nous mettons ainsi à revivre certains drames de notre enfance, dans le but inconscient de nous réparer. Ironiquement, il est parfois nécessaire de nous repasser *in vivo* les mémoires de nos souffrances infantiles pour nous en libérer. Les bons partenaires ne sont pas ceux ou celles qui remplacent nos parents, mais bien les personnes avec qui nous créons un espace pour devenir nos propres parents. Si notre sécurité intérieure est en partie constituée de la sécurité reçue de l'extérieur, notre autonomie, quant à elle, est surtout issue de nos ressources personnelles. Avoir la sensation de ne plus exister ou d'être perdu lorsque l'autre s'absente temporairement ou définitivement nous invite à puiser en nous courage, patience, volonté et créativité. **La souffrance est l'occasion du libre arbitre, nous permettant petit à petit de retrouver notre intégrité.**

Un pas de plus vers l'amour

L'apprentissage de l'amour passe inévitablement par des moments choisis de solitude et d'ennui. Ainsi, je peux prévoir des temps dans ma semaine où je décide d'être seul, et pourquoi pas de ne rien faire, si ce n'est être présent à moi-même. Je peux commencer par des courtes durées, et augmenter au fur et à mesure ma pratique. Je peux également noter mes impressions dans un carnet, ce que j'ai ressenti, imaginé ou pensé. Le plus important est la régularité.

La peur de ma valeur

ou quand je cherche l'approbation

Aujourd'hui, je réalise que j'ai peur d'imposer ma personnalité, de montrer ce que je vaux réellement, par crainte d'être inférieure à autrui. Je ne suis pas le genre de personne à laquelle on s'attache au premier contact. Je suis plutôt réservée et je me cache derrière un grand sourire superficiel et insignifiant. Ce qui fait que je suis, la plupart du temps, mise à l'écart par ma propre faute, et je n'y peux absolument rien. Je finis par croire que je n'ai aucune capacité, que je suis destinée à être exclue par la société.

Message reçu sur Instagram

Ce ne sont pas les événements qui dirigent nos vies, mais l'interprétation que nous en avons.

Je n'observe pas la vie, j'observe ma vie. Je n'observe pas la réalité, j'observe ma réalité. Cela peut paraître basique comme ça, mais c'est pourtant la source de toutes nos souffrances. Nous faisons de nos expériences des vérités, de nos pensées des réalités, de nos interprétations l'histoire de notre vie. Je ne peux pas voir le monde en dehors de mes propres yeux, penser en dehors de ma propre subjectivité, ressentir en dehors de mon propre corps. Ma vie est toujours le résultat d'événements neutres, ni négatifs ni positifs, sur lesquels j'ai posé mon regard, qui les a filtrés et m'a amené à percevoir les choses avec une certaine couleur, un certain goût. Cette interprétation a provoqué un ressenti physique, physiologique, énergétique et émotionnel ; ce dernier a alors entraîné un certain comportement qui a conduit à une certaine action. De la somme de ces perceptions et de ces actions résulte ma vie.

Comment une interprétation devient-elle une croyance puis notre réalité ? Si, quand nous étions enfants, nous avons fait l'expérience de ne pas avoir de valeur, ou que notre propre existence comptait moins que celle des autres, nous avons eu comme réflexe de survie de nous suradapter en niant les parts de nous jugées inadaptées pour notre environnement extérieur.

Par exemple, si je n'ai pas été un enfant désiré, j'ai pu interpréter inconsciemment que j'étais un accident qui pourrait mettre mes parents dans une situation plus difficile que prévu. Alors il se peut que je passe le plus clair de mon temps à avoir la sensation qu'il faut que je prouve ma valeur et que je répare les dégâts causés par ma venue. Certaines personnes, durant toute leur existence, payent la dette de vie qu'elles ont l'impression de devoir à leurs parents, sans s'en rendre compte. Elles deviennent fortes, coupées de leurs émotions par peur d'être faibles, obsédées par l'idée qu'il faut faire des efforts pour exister. Ou, au contraire, certaines prennent la direction opposée et se créent une vie où il faut qu'elles prennent le moins de place possible pour ne pas déranger. Avec cette perception, leur priorité est de se faire toutes petites, de ne surtout pas réussir leurs projets ni de les mener à bien par peur d'écraser l'autre, et par conséquent que la relation n'existe plus.

Mais les enfants désirés ont aussi leurs lots de souffrances selon leur éducation. Si j'ai eu une mère qui a exigé des 19/20 à l'école quand j'avais des 18/20 très satisfaisants pour moi, ou encore un père qui passait son temps à me corriger quand je construisais mes Lego ou mes cabanes pour que ce soit parfaitement réalisé, j'ai pu interpréter que je pouvais faire toujours mieux et que je n'étais pas assez, qu'il fallait que je sois parfait pour être aimé et contenter tout le monde. J'ai alors mis à l'écart ma spontanéité, ma joie, ma curiosité, ma créativité, ma vulnérabilité. M'étant coupé d'une partie de moi pour être approuvé, j'ai dû la compenser en surdéveloppant d'autres facettes comme le travail, la discipline, le sacrifice, l'exigence, le perfectionnisme, ou encore la procrastination, la fainéantise, le dilettantisme, la rêverie… Et pour tenter d'équilibrer mes valeurs mises de côté, rester en relation avec les autres et m'isoler le moins possible, je me suis construit un masque. Celui sur qui on peut compter, celui qui va au bout des choses, celui qui réussit tout, celui qui bosse vite et bien, celui qui est dans l'action, celui qui sourit tout le temps et qui va toujours bien. Mais aussi celui qui est solitaire et qu'il ne faut pas déranger, celui qui n'est jamais disponible, celui qui est ordonné jusqu'à la rigidité, celui qui ne pleure jamais et qui ne montre pas ses émotions…

Ce personnage, ce faux moi, qui est pourtant bien vrai à mes yeux, m'a aidé à survivre à toutes les réprimandes, les répressions, les injonctions et à toute forme de limite de qui je suis tout au fond. Cela a tellement bien marché que je me suis enfermé dedans, souffrant de plus en plus d'avoir la sensation que je n'étais plus que cela. Ce que j'ai cru être mon identité, ma personnalité innée, n'était finalement fondé que sur quelques événements marquants que j'ai interprétés, considérés pour vrais et auxquels je me suis identifié. Nous n'avons pas le pouvoir sur tout ce qui nous arrive, notamment lorsque nous sommes des enfants dépendant de nos figures parentales. **C'est pourquoi nos vies sont largement déterminées par la perception que nous avons de notre histoire.**

J'aurais pu me définir comme un enfant immigré abandonné par son père dès la naissance. Mais j'ai choisi de regarder cet événement d'une autre façon. J'ai finalement la chance d'avoir eu deux pères pour me concevoir avec ma mère : l'un s'est occupé de ma génétique, de ma physiologie et de mon corps, l'autre s'est chargé de mon éducation, de mon intériorité et de ma liberté d'être. **En fin de compte, nous avons tellement peur de n'être personne et de ne pas devenir quelqu'un que nous sommes prêts à garder nos rôles, nos masques et nos costumes toute notre vie pour satisfaire le monde extérieur. En réalité, il n'y a rien de plus singulier que d'être soi-même.**

Un pas de plus vers l'amour

Pour prendre conscience de mes masques, je peux questionner mon entourage, aussi bien mes proches que les personnes qui me connaissent moins, pour leur demander comment ils me perçoivent. J'aurai alors quelques échantillons de ce que j'ai certainement surdéveloppé car c'est ce qui se voit en premier. Dans un deuxième temps, je peux lister les différents traits de caractère que l'on m'a donnés, observer ceux avec lesquels je suis d'accord et ceux qui me dérangent. Ceux qui me plaisent sont ceux qui me donnent le plus la sensation d'exister, d'être moi. Enfin, je peux réfléchir aux différents événements de mon enfance qui ont pu contribuer à ce que j'aie ces traits de caractère et m'inciter à les développer.

La peur de vivre

ou quand je choisis de survivre

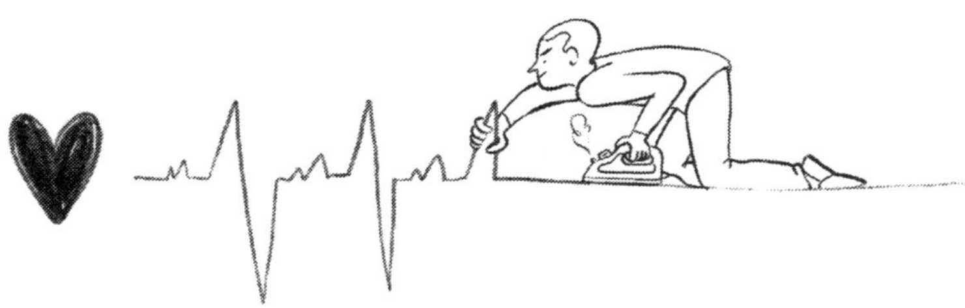

J'ai peur de l'ennui, du vide, de la solitude. Il y a quelques années, j'ai fait de l'anorexie, puis de la boulimie, mais je n'en ai jamais parlé à mes proches. J'ai vécu ça seule, ou plutôt survécu à ça. J'ai dû m'en sortir par mes propres moyens. J'ai dû faire face à moi-même. À mes insécurités, mes blessures, mes peurs. C'est comme si j'étais tombée dans un trou, dans le noir total, face à l'inexistence, au vide, seule, abandonnée. Je m'en suis sortie, mais j'y ai laissé des plumes. Je commence à sortir de ce trou, à retrouver des projets, des rêves, et ça fait UN BIEN FOU. Je ne veux plus jamais connaître ça. Ce vide angoissant. C'est la mort. Je ne suis pas encore morte, alors je refuse de laisser cette peur me paralyser. Je choisis la vie et je vais me battre.

Message reçu sur Instagram

Chaque expérience est l'occasion de notre libre arbitre. Je choisis à chaque seconde qui j'ai envie d'être.

Qui dirige ma vie ? Mon mental ? Mon ego ? Mes peurs ? Mes croyances ? Mon conditionnement ? Les autres ? Cela fait plusieurs années, en consultation et lors de discussions informelles, que j'entends des phrases comme : « Ça, ce n'est pas moi », « J'ai envie d'être moi », « Je ne trouve pas ma place », « Je ne sais pas qui je suis »… Hormis de manière physique, personne n'a le pouvoir de me forcer à faire quelque chose ou à être quelqu'un d'autre. Il y a donc très certainement au cœur de mon existence une partie de moi, parfois consciente, parfois inconsciente, qui met sa volonté en action pour me faire vivre et qui décide de la façon dont je vis. Cette part de moi est mon libre arbitre.

Cependant, comme n'importe quel outil, le résultat dépend exclusivement de l'usage que j'en fais et de mon intention. C'est un pouvoir extrêmement puissant dont nous seuls humains avons la pleine capacité. Notre libre arbitre n'échoue jamais à sa mission : être au service de notre humanité. Mais si certaines de nos expériences peuvent être très difficiles à vivre ou au contraire emplies de joie, c'est parce que la peur et l'amour sont les deux moteurs de notre libre arbitre.

Motivé par la peur, notre libre arbitre nous mène à des comportements de jugement, de critique, d'attaque, d'agressivité, de défense, de justification, d'inertie, de blocage, de répétition. Dans la peur, il entraîne même du stress, des tensions, des conflits, des disputes, de la domination, de la soumission, des guerres, des maladies, des blessures, des dépressions, des burn-out, des morts. Inspiré par l'amour, notre libre arbitre nous permet de créer, de construire, de partager, d'échanger, d'écouter, de prendre soin, de comprendre, de ressentir, de laisser parler notre intuition et notre instinct. Dans l'amour, il provoque même des rencontres, des relations, de l'inspiration, des idées, des projets, de la surprise, des résolutions, des changements, des guérisons, de la vie. La peur engendre de la peur, l'amour engendre de l'amour. Et nous sommes totalement libres de choisir ce que nous voulons créer, qui nous voulons être et comment nous voulons vivre nos relations avec nous-mêmes, avec la nature, et avec les autres.

Mais la liberté a un prix que très peu de personnes acceptent de payer : la responsabilité. Non pas celle d'assumer une quelconque faute, mais bien celle de répondre de nos actes, de nos pensées, de nos émotions. La difficulté de cette responsabilité est qu'il nous est extrêmement désagréable de sortir de notre position de passivité et de victimisation et d'admettre notre pouvoir sur nos expériences et ce que nous en faisons. Cela ne remet aucunement en question le fait que nous pouvons être victimes de manière circonstancielle, à un instant T, comme dans un cas d'abus, d'accident ou encore de handicap. En revanche, nous avons une entière liberté dans la façon dont nous réagissons, et dont nous nous en servons pour notre propre évolution. N'avez-vous jamais observé à quel point certains rescapés d'holocaustes, certains survivants à des accidents graves ou même certaines personnes atteintes de maladies incurables sont capables de joie, d'intelligence émotionnelle ou de créativité ? Je pense fort à mon ami Grand Corps Malade et à sa faculté de résilience et d'amour malgré son accident et le handicap qui s'est ensuivi. Il aurait pu pleurer toute sa vie sa carrière de basketteur professionnel avortée. Mais une force en lui et son libre arbitre en action l'ont poussé à créer autre chose, à se réinventer. Aujourd'hui, il est pratiquement assuré de rencontrer le succès, qu'il sorte un album, un livre ou un film.

Chacune de mes expériences laisse la place à mon libre arbitre, me donne l'occasion de décider, et d'activer ma volonté. Je ne peux vivre ma vie en dehors de moi. Je suis toujours moi. Si nous ne pouvons pas ne pas choisir, alors nous ne pouvons pas ne pas être responsables. Chaque seconde est l'expression de mon libre arbitre.

Ève qui tend la pomme à Adam est un symbole de libre arbitre. Adam qui croque dans la pomme et cède à la tentation est une expression du libre arbitre. C'est notre plus grand pouvoir car il est capable de réaliser nos peurs comme de développer notre amour. **Qui je suis n'est autre que qui j'ai envie d'être. Ma place est celle que je choisis.**

PARTIE 3

De la peur à l'amour

Quelques pas de plus vers l'amour

« Fils de Zeus et d'Alcmène, Héraclès est poursuivi depuis sa naissance par la haine d'Héra, femme de Zeus et furieuse d'avoir été trompée par son mari. Une nuit, la déesse envoie deux serpents pour tuer l'enfant. Celui-ci découvre alors sa force extraordinaire et se débarrasse des deux vipères. Afin d'apaiser sa femme, Zeus décide de le renommer Héraclès, ce qui signifie « gloire d'Héra ». Dans un moment de folie inspirée par celle-ci, Héraclès tue sa femme Mégara et ses fils. Revenu à la raison, il consulte la Pythie pour savoir comment expier sa faute : elle lui ordonne de se mettre au service d'Eurysthée, son plus vieil ennemi, et d'accomplir les tâches qu'il lui ordonnerait. Ce seront les douze travaux prophétisés par l'oracle de Delphes, en échange de l'immortalité. »

Des épreuves d'amour

Vingt et un, c'est en moyenne le nombre de jours nécessaires pour qu'une nouvelle habitude s'installe, qu'un changement s'opère.

L'aventure de l'amour et du couple dans notre monde moderne n'est parfois pas si éloignée de l'ascétisme de Bouddha ou des périlleuses péripéties d'Hercule et de ses 12 travaux. Nous sommes des êtres vivants, poussés par la force de vie, autant capables d'être terrassés par ses drames que doués de témérité pour les affronter. Nous évoluons en permanence, alternant des phases d'intégration, de régression et des crises de croissance. Nous arrosons la plante pour la nourrir et acceptons complètement l'idée qu'elle poussera à son rythme, grâce à la lumière, faisant certains jours plusieurs pousses, et d'autres jours aucune. Nous couvrons nos plaies avec des pansements, puis les laissons sécher ou s'aérer, acceptant totalement qu'elles guériront et se refermeront en temps voulu. Une transformation peut prendre des années comme une seconde.

Certains pensent qu'il faut toute une vie pour apprendre à s'aimer, d'autres affirmeront qu'un changement peut se faire en quelques minutes. Le point commun entre ces deux visions est notre impuissance sur ce moment de bascule. Nous n'avons pas la main sur cet instant d'épiphanie où tout s'éclaire, où un nœud se dénoue de lui-même, où l'on passe de l'ombre à la lumière. L'expérience de l'amour est un résultat, une conséquence. Et tout notre pouvoir réside dans notre faculté à passer les multiples épreuves qui balisent notre chemin. Voilà l'initiation à l'amour en relation. Nous avons à la fois un impact concret sur nos vies et, en même temps, nous sommes soumis à quelque chose de beaucoup plus grand que nous. Car l'amour n'est pas un objet qu'il faudrait gagner et posséder comme un gain, mais bien un trésor qui se cache sous les couches de voiles qui nous en séparent.

« La caverne dans laquelle vous redoutez de pénétrer contient le trésor que vous recherchez. Le héros est celui ou celle qui donne sa vie pour quelque chose de plus grand que lui. »

Joseph Campbell, *Puissance du mythe*.

Le kit de survie relationnelle

Nous sommes dans une ère où l'accès à l'information est instantané, les distances quasi insignifiantes grâce aux progrès technologiques, les communications multiples et continues. Notre technicité et nos inventions nous permettent aujourd'hui d'accumuler des savoirs et de pouvoir pratiquement tout étudier grâce à la mise à disposition de contenus et de connaissances en ligne. Je peux apprendre à produire de la musique comme un professionnel, à réaliser un plat comme un chef, à monter ma start-up comme un ponte de l'entrepreneuriat, simplement en allant sur Internet, en regardant des tutoriels ou en me formant à distance. Il y a des recettes qui sont applicables à de nombreux domaines et qui ont prouvé leur efficacité.

Nous ne pouvons pas en dire autant en ce qui concerne nos relations amoureuses et la complexité humaine. C'est pourquoi je me suis interdit de faire une méthode pour mieux s'aimer, un guide du bonheur à deux ou encore un

manuel du type *21 clés pour trouver le bon partenaire.* Qu'il s'agisse d'une aventure d'une nuit ou d'un projet de vie de couple, la relation amoureuse est un espace où il n'y a aucune recette. Les coachs en développement personnel s'appuient volontiers sur des outils tels que la programmation neurolinguistique, l'analyse transactionnelle et même les grands principes ésotériques comme la loi de l'attraction. Je fais moi-même usage de ces outils dans le cadre de consultations ou pour ma vie privée, et j'en reconnais les bénéfices. Les *love coachs* et les applications de rencontres n'ont jamais été aussi sollicités. Certains pensent que l'amour est à portée de main et « swipent » jusqu'à trouver LA bonne personne. D'autres vont attendre qu'un ou une élue corresponde parfaitement à leurs critères fantasmés, quitte à refuser tout imprévu. D'autres encore vont faire des tentatives de construction relationnelle, parfois même jusqu'à avoir des enfants et se marier. Mais comme le dit si bien la psychothérapeute Esther Perel, avant, nous divorcions parce nous n'étions pas heureux. Aujourd'hui, nous nous séparons parce que nous pourrions être plus heureux. Alors pourquoi nos peurs prennent-elles autant de place lorsqu'il s'agit de notre lien à l'autre ? Pourquoi est-il si difficile de vivre pleinement qui nous avons envie d'être tout en étant avec notre partenaire ?

Par peur de ne pas expérimenter l'amour et pour obtenir plus de résultats de nos relations, nous avons plagié le système capitaliste. Nous parlons de *donner* et de *recevoir* comme d'un *marché avec retour sur investissement.* Nous voulons *prendre le contrôle de nos émotions* en tentant de les gérer, nous cherchons des *solutions* pour trouver l'amour, nous utilisons parfois des *techniques de séduction* dignes des stratégies de vente, nous nous faisons notre propre *publicité* sur les réseaux sociaux, mettant en avant la meilleure version de nous-mêmes. Et pourtant, nous finissons la plupart du temps par ne pas nous sentir aimés pour qui nous sommes réellement. Dans ce fonctionnement, l'autre est perçu comme un objet qu'il faut posséder. Car nous oublions souvent que nous tombons amoureux d'une personne libre. Que c'est aussi parce qu'il y a une distance entre nous que le désir nous donne l'élan de la rencontre. Même si cet autre n'est pas disponible car déjà en couple, par exemple, le simple fait que nous ne le possédions pas crée cette attirance. Nous acceptons à la fois l'altérité et les points communs qui nous réunissent. Le désir n'a pas toujours besoin d'amour, mais l'amour survit difficilement sans désir.

Dans la mythologie, Éros naît de Chaos. C'est dans cet espace, ce vide, ce « chaos » que le désir peut apparaître et semer les graines d'une relation. L'amour a ceci de particulier qu'il inclut la peur, contrairement à la peur qui exclut l'amour. La peur nous empêche d'aimer car elle est l'expression de notre insécurité. À cause d'elle, nous nous mettons à chercher chez l'autre ce qui va pouvoir nous rassurer, nous protéger, nous compléter ou valoriser notre existence. L'autre ne devient plus qu'un objet qui me sécurise : cela remplace le possible amour pour un sujet libre de rester comme de partir. **Car s'engager ne veut pas dire s'aliéner. L'institution du mariage était autrefois ce gage de sécurité. Aujourd'hui, c'est un Graal optionnel qui valide ma réussite sociale. On ne se marie avec l'autre que si l'on a accompli assez de choses personnelles avant.** La liberté et le bonheur individuels sont devenus des valeurs tellement fortes que tout engagement sur du long terme les menace. Le grand paradoxe du désir, c'est que nous voulons ce que nous n'avons pas, et nous ne désirons plus ce que nous avons. Loin d'être un long fleuve tranquille, la relation amoureuse prend parfois la forme d'un réel parcours du combattant. Et comme dans tous les combats, nous luttons contre quelque chose ou quelqu'un.

Pendant longtemps, j'étais persuadé que la peur de la mort était la terreur ultime qui englobait toutes les autres peurs. Je pensais que cette angoisse de mourir était la mère de toutes nos angoisses, que l'on passait sa vie à lutter contre elle, qu'elle se cachait derrière toutes les souffrances. Mais après avoir reçu des milliers de témoignages, fait plusieurs dizaines d'ateliers en groupe et pratiqué des centaines d'heures de consultation, une idée cinglante m'a frappé : **nous n'avons pas peur de mourir. Nous avons peur de vivre l'amour.**

J'ai alors passé en revue toutes mes expériences que je considérais comme des échecs amoureux : les relations manquées de mon adolescence par peur de prendre un râteau, les engueulades à répétition par peur de quitter l'autre, les tentatives de mariage avortées par peur de m'affirmer, les désirs d'habiter ensemble restés en chantier par peur de perdre ma liberté, les coups d'un soir sans intimité par peur d'être seul, les flirts sans concrétiser par peur de ne pas être désiré… S'est ouverte à moi une nouvelle représentation de la manière dont nous expérimentons nos aventures amoureuses : **ce n'est pas l'amour qui nous permet de vivre des relations amoureuses, mais la traversée de nos peurs qui fait de la place à l'amour dans nos relations.**

« *Game of Thrones* possède, je crois, ce qui manque aux autres séries actuelles, à savoir un retour à une narration œdipienne faisant écho aux grands mythes fondateurs qui structurent la société. [...] Il y a un retour à une dramaturgie dans un monde où on ne sait plus se raconter. Cette série est très actuelle par ce qu'elle confronte au narcissisme contemporain – cette compétitivité, cette lutte de pouvoir faisant écho aux personnes de la société postmoderne – et, en même temps, d'un autre côté, c'est œdipien parce qu'il y a cette lutte fratricide pour le père, pour la mère, pour le royaume, pour reconquérir une histoire. »

Samuel Dock, tiré de
« Meurtres, inceste et narcissisme : la folie *Game of Thrones* décryptée par un psy », LCI Culture.

De l'aventure du couple à l'épanouissement collectif

Quelque part entre celui des parents pour leurs enfants, celui des amants passionnés d'un soir ou d'une vie, ou encore celui que nous inspirent nos idoles et nos dieux, l'Amour avec un grand A est l'énergie qui sous-tend la vie et qui naît du chaos, de la nuit et de l'ombre. Cet Amour-là n'a aucune couleur définie, pas plus celle de l'attachement que de l'admiration ou encore de l'amour filial : il les réunit toutes. Si le développement personnel est une aventure solitaire et intime, il ne constitue toutefois que la moitié du chemin. L'initiation, pour qu'elle soit totale, se fait en relation, ressource ultime à l'Amour, à la fois épée et bouclier qui nous garantissent de survivre collectivement aux épreuves de la vie. C'est le retour du héros chez lui, à son point de départ, transformé de l'intérieur, prêt à transmettre à sa communauté ce qu'il a appris.

Si la première partie du voyage initiatique vers l'Amour en relation consiste à développer notre courage en transcendant nos multiples petites morts, la deuxième partie de la route se fonde essentiellement sur la transmission, la vocation à ce qui dépasse l'individu, le partage et le don de nos enseignements personnels et intimes. Fondée sur trois piliers qui vont de pair, notre capacité à transmettre ce que nous sommes parvenus à *transformer* en nous exige une certaine discipline. Non comme intégrisme envers soi-même mais comme exigence souple et régulière à aller voir ce qui se passe en nous à travers la relation à l'autre. Mon invitation est donc de mettre en pratique ces six grandes ressources dans notre quotidien. Je me suis appuyé sur mon expérience, les enseignements que j'ai reçus et surtout mon intuition, mon instinct et mon cœur. Bien qu'il soit inné et moteur de toute vie, l'Amour nécessite d'être soutenu par ces trois couples de piliers de façon équilibrée. Loin d'être exclusivement destinés à une pratique spirituelle particulière, ces trois cœurs bicéphales questionnent **les fondations mêmes de notre société contemporaine à travers l'expérience de l'amour à deux.**

Le couple « foi et consentement »

La foi, ou croire en la puissance de la relation

Parce que notre génération manque cruellement de mythes fondateurs, de rites de passage et de figures d'autorité inspirantes sur lesquelles se reposer, la foi n'a jamais eu autant de visages.

À l'heure où la liberté d'expression est exacerbée par les espaces de parole personnels offerts sur les réseaux sociaux et les nouveaux médias, chaque individu a l'opportunité de prêcher pour sa paroisse, de vendre ou de défendre ses convictions et de créer son propre système de croyances. Nos dieux monothéistes n'ont jamais eu si peu la côte, laissant la place à de nouveaux dieux et déesses. Des dieux de niches, que l'on appelle « influenceurs » et « influenceuses », aussi bien dans les domaines de l'entrepreneuriat que de la santé physique et mentale, de l'art et du divertissement, du sport, de la cuisine, du style de vie ou encore de la mode. Le nombre d'abonnés a remplacé le nombre de disciples, le nombre de cœurs celui des offrandes. La liberté de pouvoir croire en ce que nous voulons, et avec autant de spécificités, n'a jamais été aussi présente. Chaque individu crée son église, chaque église crée sa communauté, chaque communauté crée sa culture et chaque culture crée son système de valeurs. Et c'est justement au sein de la relation amoureuse que la foi en nos propres valeurs va se confronter ou se compléter avec celle de nos partenaires.

Identifier ce en quoi nous croyons profondément est le point de départ de la possibilité d'un couple. Une relation qui dure repose inévitablement sur un partage de valeurs communes qui seront peut-être amenées à évoluer. Le drame de Roméo et Juliette est l'expression d'un amour impossible à cause de valeurs qui s'entrechoquent et ne peuvent cohabiter. Comment construire un projet à deux quand nous n'allons pas dans la même direction ? Beaucoup de jeunes amoureux réalisent, plusieurs mois – voire années – après le début de leur histoire, qu'elle ne fonctionne pas car ils n'ont pas les mêmes valeurs, ils ne croient pas à quelque chose qui leur est commun et qui leur servirait de moteur. La fidélité, si chère à la stabilité de beaucoup de couples, est aussi une fidélité dans le partage d'un idéal. **La foi en la relation est cette intime conviction que nous allons bien dans la même direction, que nous sommes des partenaires qui contribuons mutuellement à respecter nos valeurs, et que notre façon de nourrir notre couple participe à notre équilibre collectif. Croire au couple, c'est croire à la puissance du lien à sa plus petite échelle.**

Le consentement, ou dire oui à la relation

Pour que cette *foi* existe au jour le jour et se concrétise par nos actes, le consentement mutuel est indispensable. Cette condition *sine qua non* n'a jamais été aussi prononcée et exprimée qu'aujourd'hui. Malheureusement souvent utilisé en référence à des situations d'abus, le consentement est l'autre face de la foi.

« Con-sentir », c'est d'abord croire en notre humanité sous tous ses aspects et accepter celle de l'autre, les bons côtés comme les moins bons. C'est vérifier que nos valeurs peuvent vivre ensemble. C'est dire oui à l'altérité pour grandir avec les différences de l'autre. « Con-sentir », c'est notre faculté à nous connecter ensemble pour avoir le courage de questionner le *statu quo*, ce que l'on connaît, nos habitudes, notre confort. Car l'amour peut être inconfortable. Oser remettre en cause notre vision de l'amour, ou plutôt notre fantasme, et mettre à jour nos idéaux amoureux pour nous laisser surprendre par une version de relation que nous n'avions même pas imaginée : voilà ce qu'implique aussi consentir. À un autre niveau, c'est enfin dire non à l'autre et se dire oui à soi sans avoir à tout jeter. Combien de couples se sont dégradés dans le silence de la routine et de valeurs qui n'étaient plus partagées ?

Le consentement s'oppose au contentement. Il nous renvoie à notre pouvoir de décision. Le véritable consentement appelle à notre courage et à notre intuition. Oser sortir de nos carcans et des habitudes mentales qui nous font prendre indéfiniment les mêmes chemins, dont la plupart nous éloignent de nous-mêmes. Consentir à l'Amour, c'est lâcher les croyances selon lesquelles il faut le trouver plutôt que l'incarner, réussir à tout prix une histoire plutôt qu'apprendre de ses expériences, éradiquer les émotions négatives plutôt que les exprimer, entrer dans des conflits plutôt que d'écouter nos besoins, être un bon partenaire pour l'autre plutôt que pour soi-même… S'ouvrir à l'Amour, c'est s'offrir la possibilité de voir que la relation est thérapeutique en soi. L'Amour nous demande de consentir au changement et à notre évolution. Il nous invite à croire à de nouvelles cultures, de nouvelles intelligences, de nouvelles réalités, et à les mettre en commun. Le rituel du mariage invite les futurs mariés à se dire oui. À nous de créer les rituels qui nous correspondent. **Consentir, ce n'est pas tant aimer qu'incarner l'amour à deux.**

Le couple « volonté et responsabilité »

La volonté, ou mettre de l'énergie dans la relation

Plus j'étudie les comportements humains, leurs émotions, leurs travers et leurs relations, plus je réalise à quel point nous sommes à la fois les artistes et les œuvres de ce monde, les créateurs et les créatures, l'arbre et le fruit. La volonté et la responsabilité sont les deux faces d'une même pièce : le libre arbitre. Elles sont les piliers indispensables à l'incarnation de l'Amour dans notre vie de tous les jours. Ce sont deux socles majeurs qui englobent :

— notre capacité à poser des intentions claires sur ce que nous voulons pour nous-mêmes dans la relation ;
— notre aptitude à mettre à disposition notre énergie pour nous réaliser.

D'un côté, la volonté est le plus haut degré d'intention, de pensée et de désir que nous sommes capables de manifester. Cette volonté est extrêmement puissante car elle pose le cadre de la relation, elle en définit les contours, les limites et énonce notre positionnement vis-à-vis de notre partenaire. Combien de désirs sont mort-nés face à des réponses telles que « comme tu veux ». L'absence de volonté témoigne parfois d'une absence cachée d'énergie et d'investissement dans la relation. La volonté est la manifestation de désirs profonds. Combien de temps nous aimerons-nous si nous ne nous désirons pas ? Très vite, les jeunes amants passent de « je te veux » à « si tu veux ».

Encore une fois, le rituel du mariage a ceci de structurant qu'il implique la volonté mutuelle. La déclaration « je le veux » éradique la moindre trace de conditionnel et donc de doute. En ce sens, la volonté repose elle aussi sur la foi et le consentement. Elle élimine les potentiels « j'aimerais », « je souhaiterais », « je voudrais », « je vais essayer », « je vais tenter de », « je vais voir s'il est possible de »… Malgré les apparences séduisantes d'exaucer nos « veux », cette face de la pièce est à double tranchant. Alors que la grande majorité de nos processus internes se font sans notre volonté, c'est-à-dire de manière totalement inconsciente, notre capacité à vouloir vivre l'amour en relation est essentielle tout au long de celle-ci. Mais la notion de volonté en tant que pilier de l'Amour est à manier avec précaution. Combien de couples se sont effondrés parce que les partenaires voulaient pour l'autre et à la place de l'autre ? Le danger de la volonté en relation est la toute-puissance sur l'autre.

La responsabilité, ou s'assumer pleinement en relation

Elle va de pair avec la liberté si convoitée et pourtant si pesante. Nous ne pouvons nous aimer que libres l'un de l'autre, et la responsabilité est le prix de cette liberté. La plupart des gens tombent amoureux parce qu'ils sont libres et ont cet espace pour le ressentir ; mais, très vite, les nouveaux amoureux s'aliènent et la chute transforme l'attirance en attachement. Le sentiment que l'autre m'appartient ou que j'appartiens à l'autre anesthésie cet état de liberté. Car il peut être extrêmement angoissant d'être libre et d'en prendre l'entière responsabilité. Répondre de ses choix et de ses actes dans une relation s'avère être un défi quotidien. Du choix du partenaire au choix du modèle de vie à deux, jusqu'au simple choix – non moins impliquant – de rester ou de partir.

Reprendre la responsabilité de nos vies amoureuses, c'est répondre de nos actes, de nos paroles, de nos ressentis, de nos besoins. Cela nous permet d'assumer ce que nous avons parfois voulu inconsciemment, et ainsi de sortir de la victimisation et de l'accusation. Je peux par exemple me plaindre pendant des mois que ma femme m'a trompé sans me donner d'explication. Dans cette situation assez commune, je peux prendre mes responsabilités pour voir dans quelle mesure j'ai choisi une femme susceptible d'adultère, en quoi j'ai pu y contribuer et quels sont les impacts sur mes valeurs. Une part de moi a choisi cette femme, cette relation et cette expérience d'adultère. Peut-être était-ce pour enfin prendre connaissance d'un schéma que je répète ? Ou pour me rendre compte que j'entretiens une relation infantile avec les femmes, et que j'attends toujours qu'elles me rassurent sur ma valeur ? Ou bien encore pour comprendre qu'il est temps que je fasse de la place à mes passions, à mes désirs, à mes envies sans que cela dépende tout le temps de l'autre ? Il peut exister mille raisons qui m'ont amené à *vouloir* que cette expérience se passe comme ça et que je la vive de telle ou telle façon. Ma femme a usé de son libre arbitre pour faire ce qu'elle a fait. Comment ai-je envie d'interpréter cela et comment ai-je envie d'exprimer mon libre arbitre à mon tour face à cette situation ?

La volonté et la responsabilité nous permettent de reprendre nos places de créateur et de créature simultanément. Elles nous aident à avoir le recul nécessaire sur nous-mêmes et à décider totalement de ce que nous voulons vivre de notre relation. Ces deux ressources peuvent contribuer à diminuer une forme de toxicité.

Le couple « créativité et expression »

La créativité, ou réinventer la relation

Même si pour beaucoup d'entre nous, le passé est toujours présent, il ne nous définit pas. Chacune de nos facettes peut devenir le fruit de notre créativité. Nous restons à l'heure actuelle les seuls êtres vivants à pouvoir nous redéfinir et nous réinventer indéfiniment. Capables de changements extrêmes et de métamorphoses incroyables, nous avons le don de créer notre réalité. Et c'est peut-être là notre seul don. Celui de donner du sens aux choses et d'écrire notre récit personnel. Malgré toute la génétique et les mémoires transgénérationnelles dont nous héritons, nous avons dès la naissance de nombreux potentiels en nous et de routes devant nous. Ni tout à fait vierge, ni tout à fait formaté, l'enfant est comme une grande carte du monde sur laquelle il peut dessiner. Sa créativité s'amenuise avec les mois, puis les années, essentiellement pour s'adapter au mieux aux différentes attentes extérieures, de ses parents, de ses aïeux et de son environnement. Petit à petit, son monde se réduira à quelques territoires sur lesquels il aura élu domicile – les autres auront été rayés de la carte. Seulement, la carte n'est pas le territoire. Ces parts de nous restent alors inhabitées.

Une fois adultes, et après avoir réprimé les trois quarts de nos facettes et de nos potentialités, nous allons nous définir à travers quelques étiquettes qui nous permettront d'être identifiés auprès des autres et de nous différencier des milliards d'autres individus. Nous dirons que nous sommes par exemple « masculin, sociable, sportif, généreux, bavard, français, célibataire et bon vivant ». Ou encore « féministe, engagée, abandonnée par le père, divorcée, mère de deux filles, colombienne, hypersensible et catholique ». Ou bien encore « homosexuel, artiste, fidèle, propriétaire, nomade, végétarien, humaniste, diabétique, basque ». Ou alors « poly-amoureuse, romantique, chef de projet, aînée de trois frères, parisienne de souche, colocataire ordonnée, maîtresse de deux chats ». Évidemment, il y a autant de combinaisons que d'individus. Et même si être identifiable est utile à bien des égards socialement, ces « labellisations » sont en grande partie le fruit de notre suradaptation, souvent subie plutôt que choisie. Nous voilà entichés d'une personnalité. Ce masque péniblement amovible, garant de notre survie et de notre existence, devient aussitôt le gardien d'une prison dorée : notre identité. Soucieux du maintien de notre château de cartes et de la sensation de rester qui nous sommes jour après jour, ce gardien est le pire ennemi du changement, de l'évolution, de la transformation et donc du processus de vie.

Il en va de même pour les couples. Nous pouvons souvent observer ce phénomène où les « nous » ont remplacé les « je ». Avec le temps, le couple devient une entité, un monstre à deux têtes, avant même d'être devenu éventuellement une famille. Ce qui pose alors problème, c'est que les partenaires ont tellement investi le couple qu'ils en ont oublié leur identité, leur individualité. On peut tenter de sortir de la fusion ou on peut décider de ne pas y entrer. Comment puis-je désirer l'autre si elle ou il est moi, et que je suis lui ou elle ? Comment puis-je te vouloir si je n'ai plus aucune distance à parcourir pour te séduire, te conquérir ? Beaucoup de relations flanchent quand les partenaires ont surinvesti le couple au détriment d'eux-mêmes. Et je le vois en thérapie de couple, la plupart ont le réflexe de vouloir changer la relation plutôt que de retrouver leur espace personnel, ce qui revient encore à investir la relation plutôt que soi.

La créativité permet de modifier la relation de l'intérieur sans avoir à forcément tout exploser. Car défusionner peut être aussi douloureux que la séparation de l'accouchement et de la naissance. Grâce à la créativité, nous sommes en mesure de constituer des relations qui nous ressemblent à chaque instant en investissant des facettes individuelles que nous avons trop longtemps laissées de côté. Ainsi, il est possible de vivre plusieurs couples avec le ou la même partenaire. Salutaires face à la rigidité identitaire et à la permanence du passé, la créativité et l'expression sont le troisième couple de piliers qui soutiennent l'Amour.

L'expression, ou concrétiser la relation

La créativité appelle notre foi, notre consentement, notre volonté, notre responsabilité, et notre expression, c'est-à-dire la manifestation extérieure de qui nous voulons être, la concrétisation de nos désirs et l'incarnation de nos idées à travers la relation. Car l'émetteur nécessite un récepteur. Il n'est pas forcément question de se lancer dans une carrière de chanteur, de se mettre à peindre ou de faire du théâtre. L'artiste en nous crée spontanément de nouvelles visions du monde, de nouveaux chemins d'expression et de nouveaux choix de vie. L'expression est la ressource qui nous permet de cuisiner un bon plat, de faire l'amour dans un lieu incongru, d'aller à la rencontre d'un inconnu, de nous perdre dans une forêt ou encore de rigoler alors qu'on vient de crever un pneu en pleine autoroute. Je ne peux que vous recommander de voir le film *La vie est belle*[1] qui illustre à merveille comment la créativité et l'expression contribuent à mettre de la vie là où la priorité est de survivre.

La créativité, c'est la liberté de choisir à chaque instant la forme à travers laquelle nous voulons exprimer qui nous sommes. L'expression, c'est notre faculté à rester en contact avec nos émotions, nos ressentis, notre intuition et à mettre au monde ce que nous avons à l'intérieur. Le souffle, le verbe et le corps sont les trois vecteurs de l'expression. Nous pouvons aussi bien faire des exercices de respiration avec l'intention de nous nettoyer à chaque expiration, hurler notre colère dans un coussin ou pleurer notre tristesse à chaudes larmes. Au sein du couple, l'Amour existe lorsqu'il est exprimé. Par le contact physique et la sexualité, par les mots tendres et encourageants, par les attentions qui font plaisir à l'autre autant qu'à soi-même, par la présence et le regard. Si nous exprimons notre créativité, le désir peut

1. Réalisé par Roberto Benigni, 1998.

prendre un nouveau souffle, car dès lors que nous varions nos facettes, nous restons libres d'être séduits et de séduire à nouveau.

En soutenant l'Amour à l'aide de ces six ressources, nous avons tous et toutes la capacité d'être chaque jour les artisans conscients de nos vies et de nos relations amoureuses. Nous pouvons tenter de changer le monde pendant encore des siècles, de courir après l'ubiquité, l'hyper-connectivité ou encore la conquête de l'espace. **Mais tant que nous n'aurons pas dévoilé notre monde intérieur à l'autre, combattu nos dragons, fait face à nos difficultés et traversé nos souffrances, nous continuerons de créer notre monde les yeux fermés, inconscients de nos peurs et de nos blessures projetées à l'extérieur, sur la nature et sur les autres.** Si le développement personnel a aujourd'hui le vent en poupe, il n'aura de portée et d'avenir que dans l'épanouissement collectif. Et le groupe commence à deux. L'Amour est le cadeau d'une aventure qui nous est imposée : vivre ensemble.

Merci à mes parents et à leurs ancêtres de m'avoir porté jusque-là et de me porter encore.

Merci à mes amoureuses passées qui m'ont appris à aimer.

Merci à Marion qui a vu naître ce projet, qui a mis à contribution son talent et sa sensibilité, et qui a été le témoin précieux de mes peurs et de leur transformation.

Merci à mes mentors Annick, Pascal, Éric, Olivier, Sandra et Maud.

Merci aux abonnés du compte Instagram pour leur courage et leurs contributions pour que ce livre existe.

Merci à mes amis Marvin, Rémi, Benjamin et Nicolas de me recadrer et de me soutenir.

Merci à Olivier pour sa confiance et sa vision d'éditeur.

Merci à Odile pour sa créativité.

Merci à Lili pour ses mots d'ouverture et sa sincérité.

Merci à Estelle de chambouler mes certitudes.

Sources des citations pages 32 et 210 : Wikipédia.

Composition : Le Cercle digital
Impression : Normandie Roto s.a.s.
Éditions Albin Michel
22, rue Huyghens, 75014 Paris
www.albin-michel.fr
ISBN : 978-2-226-45604-5
N° d'édition : 24211/01 – N° d'impression : 2003526
Dépôt légal : octobre 2020
Imprimé en France